JULES ROCHE

ALLEMAGNE

ET

FRANCE

PARIS
ERNEST FLAMMARION, ÉDITEUR
26, RUE RACINE, PRÈS L'ODÉON

ALLEMAGNE ET FRANCE

A LA MÊME LIBRAIRIE

DU MÊME AUTEUR

L'IMPOT GÉNÉRAL SUR LE REVENU

Broch. in-18. . . . . 50 cent.

LA POLITIQUE ÉCONOMIQUE DE LA FRANCE

Un vol. in-18. . . . . 3. fr 50.

Émile Colin. — Imprimerie de Lagny.

JULES ROCHE

Allemagne

et

France

PARIS
ERNEST FLAMMARION, ÉDITEUR
26, RUE RACINE, PRÈS L'ODÉON

ALLEMAGNE ET FRANCE

EN ALLEMAGNE

De Nuremberg.

On a beau être accoutumé à voir l'Allemagne, on y éprouve, à chaque voyage, de nouvelles surprises. Je n'ai cessé, depuis de nombreuses années, d'y aller tantôt sur un point, tantôt sur un autre, pour en étudier les institutions, les mœurs, les œuvres dans tous les domaines de l'activité humaine. J'y suis allé, l'hiver dernier, dans la région du Mein et dans le Wurtemberg ; il y a quatre mois, à Berlin. Me voici en Bavière, après un séjour dans le grand-duché de Bade : l'impression est toujours la même. Le développement de toutes les parties de l'empire allemand est prodigieux. Il semble que nos voisins et rivaux de l'autre côté des Vosges veuillent réaliser la formule prophétique prêtée par Wagner à Henri l'Oiseleur :

> Que le fer seul commande en maître,
> Et ce pays sera puissant!

Ce n'est point seulement entre la situation que j'ai vue dans ma jeunesse, avant la guerre de 1870, et celle d'aujourd'hui, que les différences, les progrès, éclatent et sautent aux yeux; c'est à quelques années de distance. Hambourg, Cologne, Chemnitz, Francfort, tant d'autres villes encore, vues il y a dix ans et aujourd'hui, sont presque méconnaissables tant elles diffèrent d'elles-mêmes. L'activité, la force industrielle ont augmenté dans des proportions supérieures à celles du progrès militaire, quelque grand que soit celui-ci. Ajoutez que l'Allemand est le premier vendeur du monde; qu'il a, pour écouler ses produits, pour forcer la main aux acheteurs les plus rebelles, une persévérance, une souplesse, une série de ressources, une ingéniosité qui lui permettent de réussir où l'Anglais et le Français viennent d'échouer, et vous comprendrez combien est devenue redoutable la concurrence industrielle allemande, si puissamment aidée, d'ailleurs, par le prestige de la victoire. Le fer attire l'or. Les physiciens l'ignorent; mais les hommes d'État de l'Allemagne le savent et en font profiter leur pays.

S'il en est ainsi, si la vérité oblige de tenir ce langage, on aurait bien tort d'en conclure que la partie est perdue pour nous et qu'il ne nous reste qu'à pleurer sur les ruines du grand pays qui fut la France.

En même temps qu'on est forcé de voir, à moins d'être aveugle, les progrès formidables de l'Allemagne, un examen plus attentif montre combien l'industrie française — pour ne parler, en ce moment, que du côté économique de la question — est restée supérieure au point de vue de la qualité et de la valeur de ses produits. Il suffirait, pour s'en convaincre, de parcourir l'Exposition en ce moment ouverte à Nuremberg. C'est un musée des horreurs. Une Parisienne, forcée de porter les étoffes et les « confections » qui font pâmer d'admiration et d'envie les visiteuses indigènes, devant les vitrines des galeries des tissus et des costumes, préférerait certainement se livrer aux étreintes mortelles de la *Vierge de fer* qu'on montre dans la tour du vieux château de Nuremberg, et qui perçait jadis de mille coups les infortunées victimes que lui livrait le bourreau.

Le mauvais goût, la lourdeur, la rusticité ne sont pas les seuls défauts des objets fabriqués allemands en général ; malgré l'apparence, la solidité ne leur manque pas moins. Le fond n'y est pas plus que la forme. Tout cela — vêtements, costumes, robes, lingerie, chaussures, montres, horloges, meubles, machines et mécaniques de toutes sortes — se découd, se déforme, se déchire, se décolle, se détraque en un clin d'œil, à la moindre épreuve.

L'acheteur s'imagine avoir fait un bon marché; il se félicite de son acquisition, à « bien meilleur compte qu'en France! » Huit jours après, il regrette amèrement son argent et s'aperçoit que rien n'est plus cher que ce « bon marché. » D'ailleurs, le « bon marché » des marchandises allemandes est une légende plus souvent qu'on ne pense. J'ai fait, à cet égard, dans les galeries de l'Exposition de Nuremberg, avec des gens compétents, les constatations les plus curieuses. Pour une foule d'objets, même pour ceux qui constituent « l'article de Paris », nous avons fréquemment relevé des différences de prix tout à l'avantage de la fabrication française, sans compter la supériorité de qualité.

Je parle de tout cela avec une telle absence de parti pris, une telle résolution de sincérité que je n'hésite point, par exemple, à reconnaître la très remarquable qualité d'une certaine industrie : celle des instruments de précision, des instruments scientifiques. Les objets exposés sont vraiment d'une exécution achevée et qui a frappé les connaisseurs, sans dépasser toutefois celle des Français.

Un détail, entre cent, nous a beaucoup amusés : c'est la section des pianos. Ah ! que Reyer serait heureux d'entrer dans ces sanctuaires réservés à la gloire de l'instrument qu'il exècre ! Comme sa haine en serait fortifiée et justifiée pour l'éternité ! Vous ne pouvez pas vous imaginer les sons bizarres, hurlements, rugissements, piaulements, grincements, qui sortent de ces machines destinées à traduire les mélodies les plus touchantes ou les plus nobles. Et quelle exécution ! Quel jeu ! L'Allemagne revendique jalousement la suprématie musicale ; elle a certes raison d'être fière du génie de ses grands musiciens ; mais que le goût et le sentiment de la musique soient plus répandus dans la race allemande que dans la race italienne, ou dans la race française méridionale, voilà ce que je prends la liberté grande de contester — et ce ne sont pas les « musiciens » chargés de faire briller les mérites des pianos exposés à Nuremberg qui pourraient me donner tort ! Je n'ai jamais de ma vie entendu pareil charivari ! Nous étions une dizaine de Français ; nous avons été mis en déroute d'une manière foudroyante : le public allemand, fort nombreux, paraissait plongé dans la plus délicieuse béatitude !... Nous avons cru à une exception, à une mauvaise chance ; nous avons renouvelé trois ou quatre fois l'expérience : toujours avec le même succès !

La supériorité de l'industrie française (à laquelle il ne manque que d'être appuyée par son gouvernement, au dehors, aussi habilement et aussi résolument que l'industrie allemande l'est par le sien) n'est du reste pas niée par les industriels allemands de bonne foi eux-mêmes. Un fabricant de meubles d'art, de Munich, avec qui je causais il y a quelque jours, n'en faisait pas mystère. Il reconnaissait loyalement ne pouvoir pas faire exécuter par des ouvriers allemands les mêmes travaux que par des ouvriers français. Il allait même jusqu'à attribuer à la bière — fût-ce la bière de la Brasserie royale — la cause de cette infériorité. Je me suis bien gardé de le contredire : cet hommage rendu au vin de France n'est que légitime.

*
* *

Quelle que soit l'importance de la question commerciale, le principal attrait que présente en ce moment la Bavière, pour l'observateur, n'a rien de commun avec les intérêts matériels. Depuis que le prince Louis a prononcé à Moscou ses fameuses paroles, les bons Bavarois se sont transformés. Les lions de pierre qui regardent les portes du palais de la Résidence rugissent, non point comme ceux de l'Atlas, mais comme ceux de Pezon et de Bidel. Nobles, bourgeois, paysans, personne ne pense plus à rien qu'à répéter d'un accent martial la retentissante formule : *Verbuendete, nicht Vasallen!* » Nous sommes des alliés et non pas des vassaux! »

Un très haut personnage de la Cour m'a montré un petit médaillon représentant d'un côté l'image désormais glorieuse du prince qui s'est ainsi révélé comme un digne héritier d'Henri le Lion, et portant de l'autre côté la phrase qui restera historique. On a frappé ce médaillon à des centaines de milliers, à des millions d'exemplaires, peut-être. On le vend, on le donne, de toutes parts : il est accepté, demandé, avec une sorte d'enthousiasme religieux, et les curés rivalisent de zèle avec les instituteurs pour le répandre jusque dans les plus humbles hameaux.

Vous ne sauriez croire l'émotion causée par cet incident ; loin de diminuer avec le temps, elle semble grandir. Au reste, l'incident n'a pas été, autant qu'on l'a supposé, un accident. Il a été voulu, prémédité, de la part du prince Louis. Non pas qu'il ait inspiré ni prévu les paroles qui l'ont amené à prononcer sa retentissante protestation ; mais depuis longtemps il n'attendait qu'une occasion pour décharger son cœur. Je tiens de la meilleure source que, trois semaines avant la « proclamation » de Moscou, dans un dîner auquel il assistait, à Munich, le prince Louis, parlant des relations entre l'empire allemand et le royaume de Bavière, répéta plusieurs fois mot pour mot, la phrase qui devait sortir de sa bouche dans l'enceinte du Kremlin : *Verbuendete, nicht Vasallen!*

Donc, cette idée le hantait. Il y pensait sans cesse. Il avait cherché la formule la plus heureuse, la plus saisissante, pour l'exprimer d'une manière éclatante. Il avait préparé son effet, à tout hasard, espérant bien qu'un Dieu propice lui fournirait, sans trop tarder, le lieu et le moment pour la scène à faire. Il a été servi à souhait, et il a sauté sur l'occasion : vous savez comment.

Ce que vous ignorez, c'est que les Bavarois n'ont appris l'algarade princière que par les journaux de Paris et de Londres! Pendant deux ou trois jours, ils n'ont rien su. Le télégraphe avait assurément parlé ; mais les journaux allemands n'avaient rien répété, peut-être rien reçu. Lorsque les journaux français et anglais arrivèrent, ce fut une révolution! Il fallut bien parler, alors: les journaux prussiens pour fulminer, les journaux bavarois pour exulter. Enfin, on allait donc mettre à la raison ces insolents riverains de la Sprée! La Bavière avait donc retrouvé une volonté, une voix, un prince digne d'elle! En une semaine, onze journaux se fondèrent à Munich pour prêcher sur tous les tons la sainte doctrine. Hélas! ce beau feu ne devait durer que l'espace d'un matin : je parle des journaux, car le sentiment dure toujours ; mais les journaux ne sauraient vivre d'amour et d'eau fraîche, même aux bords de l'Isar. Les « onze » ont disparu comme ils étaient apparus. Les médaillons les ont remplacés.

Gardez-vous bien de conclure trop hâtivement. Ce qui précède ne signifie en aucune façon que la Bavière réclame son autonomie absolue, qu'elle est devenue séparatiste, qu'elle va lever l'étendard de la rébellion contre l'empereur allemand. Ce sont là rêves d'enfant — ou de malade. Il faut n'avoir pas la moindre notion de l'esprit allemand pour les concevoir : *ægri somnia.*

Les Bavarois les plus Bavarois n'en sont pas moins résolument partisans de l'unité allemande et de l'empire allemand — de même que les socialistes les plus forcenés de Hambourg et de Berlin n'en sont pas moins les gallophobes les plus déterminés.

Ne nous berçons pas de cette illusion que l'empire est près de se dissoudre sous l'influence des ambitions particularistes. L'avenir dira si le colosse a des pieds d'argile, mais, à coup sûr, ce n'est pas de ce côté qu'il est fragile. Prenons garde, plutôt, qu'il ne cherche, s'il y avait lieu, à nous faire payer les frais de ses querelles de ménage.

(1) *Figaro* du 22 août 1896.

A BAYREUTH

A force d'entendre répéter par les fanatiques de Wagner que l'on ne peut bien comprendre l'œuvre du Maître qu'à Bayreuth, j'ai voulu faire l'expérience. Ce n'est pas que la Tétralogie me fût inconnue. Sans parler des représentations de la *Valkyrie* à notre Opéra de Paris (qu'on n'apprécie jamais si bien que lorsqu'on est à l'étranger), j'avais entendu fréquemment, à Munich, à Stuttgard, à Berlin, à Vienne, à Francfort, les différentes « journées » de l'*Anneau du Nibelung*, et, comme La Fontaine à *Peau-d'Ane*, j'y avais pris un plaisir extrême — quoique non sans mélange. Mais qu'importe le mélange, pourvu qu'on ait le plaisir? Tant de musiciens, tant d'auteurs dramatiques ne vous procurent que le mélange! On ne saurait trop remercier, trop admirer quelquefois, ceux qui y ajoutent le plaisir.

Mais cela ne comptait point auprès des initiés. Quand il m'arrivait de causer avec eux, d'exprimer une réserve, une critique sur telle obscurité du drame, sur telle longueur de l'œuvre musicale, aussitôt ils m'arrêtaient : « Vous ne pouvez pas parler de Wagner : vous ne l'avez pas entendu à Bayreuth. On ne le joue qu'à Bayreuth ! Allez l'entendre à Bayreuth ! Nous en reparlerons ensuite. »

Je suis venu ; j'ai vu et entendu : je ne suis pas vaincu. Au contraire.

Ecoutez, lisez les commentateurs, les apôtres, les dévots de Wagner : quelle est leur thèse ? Celle que les journaux allemands viennent de développer à leur tour depuis plus d'un mois :

« Wagner n'est pas seulement un grand artiste, un grand musicien ; il est le plus grand de tous. Il n'est pas seulement le plus grand de tous les musiciens ; il est le plus grand des poètes, des auteurs dramatiques, des philosophes, et, parmi ses œuvres, la plus puissante, c'est l'*Anneau du Nibelung*. Gardez-vous bien de croire qu'il s'agit d'écouter quatre opéras, reliés entre eux sans doute, mais de même nature que les *Huguenots*, ou le *Prophète*, ou *Guillaume Tell*, ou *Aïda*, ou la *Norma*, ou *Sigurd*, ou quelque autre opéra que ce soit de quelque compositeur que ce soit, mort ou vivant ! Vous seriez loin de compte. Il s'agit d'une œuvre nouvelle résumant, réunissant, synthétisant toutes les beautés, toutes les expressions, toutes les ressources, toutes les forces jusqu'à présent éparses dans le drame, dans la musique, dans les arts plastiques, dans l'épopée, dans la philosophie et même dans la politique et dans la religion.

» Rassemblez, fondez ensemble, par un procédé de magie souveraine, Eschyle, Sophocle, Homère, Shakespeare, Corneille, Molière, Aristote, Platon, Dante, Palestrina, Luther, Sébastien Bach, Gluck, Mozart, Beethoven, Mirabeau, Montesquieu, Mahomet, presque Jésus : alors seulement vous aurez Wagner et l'*Anneau du Nibelung*.

» Ne venez point, profanes, gens de peu de foi et de courte vue, chercher ici seulement des mélodies agréables, des harmonies puissantes, des sensations musicales : c'est le secret du monde qui va vous être révélé ! »

Tel est le thème, développé dans de gros et longs volumes, et repris en détail dans la presse allemande, ainsi que nous pouvions le voir chaque jour.

Ce sont précisément les représentations de Bayreuth qui lui portent le plus rude coup, en en faisant éclater les monstrueuses et ridicules exagérations, par la mise en relief des incohérences, des obscurités, des contradictions de l'œuvre dramatique, exposée dans son ensemble ; tandis qu'elles s'atténuent lorsqu'on assiste seulement à la représentation isolée de l'un des quatre opéras de l'*Anneau*.

Certes oui, je comprends mieux que jamais l'insuccès profond de Wagner, lors de la publication, en 1863, du texte de son poème, — avant la musique ! Un de ses commentateurs les plus enthousiastes s'en étonne et s'en afflige avec une candeur touchante. « Le croirait-on ? — dit-il, — ce poème si original et si remarquable passa complètement inaperçu. La critique allemande est ainsi faite ; elle ne juge guère par impression spontanée, mais selon des catégories immuables. »

Les catégories immuables ou changeantes n'ont ici rien à faire. Le poème échoua, en tant que poème, parce qu'il est un tissu d'invraisemblances, d'événements incompréhensibles et contradictoires, parce qu'il est d'un intérêt fort médiocre, et qu'il est impossible de savoir ce que l'auteur a voulu faire et dire. Ces motifs très simples sont suffisants, pour nous, pauvres Français, qui aimons avant tout à voir clair et à comprendre.

Les Parisiens qui n'ont vu que la *Valkyrie* ne comprennent déjà pas grand'chose au drame isolé qui se déroule devant eux. Cela leur est bien égal, et ils ont raison. Ils ne viennent pas demander aux pensionnaires de MM. Bertrand et Gailhard la solution de la question sociale, le passé et l'avenir du Cosmos ; ils entendent d'admirables symphonies orchestrales ; le merveilleux finale du premier acte ; la scène superbe où Brünnhilde vient annoncer à Siegmund « qu'il la suivra bientôt » ; la formidable chevauchée, qui compte au premier rang des chefs-d'œuvre que puisse inspirer le génie ; les incomparables adieux de cet imbécile de Wotan, devenu sublime par la magie de la musique, à sa noble et malheureuse fille ; — et cela leur suffit ! Ils sortent du théâtre aussi ignorants qu'auparavant des origines et de la destinée de l'univers, mais profondément remués par cette « catégorie immuable » d'émotions éprouvées à divers degrés par tous les hommes et qu'engendre seule la divine Musique, l'adorable Euterpe « qui plaît bien » ; — et ils rendent grâce à Wagner qui leur a procuré ces joies étranges, si intenses qu'elles vont parfois jusqu'à la douleur.

A Bayreuth, tout cela change.

La succession ininterrompue des quatre journées du drame en fait ressortir les inexplicables contradictions et les rend pénibles pour l'esprit, tellement blessé qu'il n'est plus pris toujours tout entier par les charmes de la musique.

Qu'est-ce donc que cet Anneau tout-puissant, dont tout l'effet se borne à rendre d'autant plus faible celui qui le possède ? « L'Or du Rhin — dit Wellgunde, dans cette scène exquise du début, où les trois filles du grand fleuve se jouent dans ses eaux, pendant le ravissement de leurs chants et la grâce infinie de l'orchestre, — c'est l'Héritage même du Monde qu'il conquerrait, avec le pouvoir sans limites, à quiconque aurait su s'en forger un anneau ! »

Voilà la donnée; la loi suprême et éternelle du destin, répétée encore, un peu après, dans le dialogue de Loge et de Wotan : « De l'Or du Rhin, j'ai ouï parler... pouvoir, richesses, voilà, sans mesure, ce que procurerait certain Anneau. »

Que voyons-nous? Le premier possesseur de l'Anneau ne l'a pas à son doigt qu'il est vaincu comme un enfant. Alberich, si rusé, si redoutable auparavant, s'empare de l'Or, forge l'Anneau, et aussitôt le voilà trompé, dupé, battu, dépouillé par Loge, dix fois plus aisément qu'il ne l'eût été sans l'Anneau. Que devient l'oracle? Où est le « pouvoir sans limites », fruit de sa conquête?

L'Anneau passe à Wotan, déjà roi des Dieux, dont la puissance devrait encore grandir, s'il est possible. Le pauvre dieu est obligé de livrer l'Anneau à deux brutes, aux géants Fafner et Fasolt. Celui-ci ne le tient pas dans sa main, qu'il est assommé d'un coup par Fafner, lequel, dans le troisième opéra de la Tétralogie, est à son tour égorgé comme un poulet par Siegfried !

Le jeune héros donne le talisman invincible à Brünnhilde, la vaillante, la triomphante guerrière, déchue sans doute, mais restée intrépide et forte entre toutes ; la voilà, à coup sûr, à l'abri de toute défaite : dès le début du dernier drame, le *Gœtterdæmmerung*, Brünnhilde est terrassée comme une enfant par Siegfried. L'Anneau ne lui sert ni à deviner que le brutal inconnu qui l'assaille est Siegfried, ni à résister victorieusement !

Siegfried remet l'Anneau à son doigt, cet Anneau tantôt si puissant qu'il lui a permis naguère de briser avec son épée la lance immortelle de Wotan, tantôt si inutile qu'il n'a pu défendre une seule minute Fafner, ni Brünnhilde. Quel est alors le premier effet de l'Anneau ? Siegfried se laisse assassiner stupidement par Hagen, dont il ne prévoit pas un instant les projets!

Dira-t-on que l'Anneau a été maudit par Alberich, et que sa puissance s'est ainsi évanouie pour ne laisser place qu'à sa mortelle influence ?

Mais l'Anneau n'était pas maudit par Alberich quand lui-même en était possesseur.

Et si l'Anneau a perdu son pouvoir et n'a pu défendre Fafner, comment a-t-il permis à Siegfried de triompher, les armes à la main, de Wotan lui-même, et de réduire en poudre sa lance divine, couverte des Runes invincibles ?

Du reste, où le nain Alberich a-t-il pris la

puissance d'édicter une si redoutable malédiction? Il n'est pas un dieu; les Nibelungen ne sont que de simples mortels; la preuve, c'est que Siegfried tue Mime d'un revers de son épée. Alberich n'a donc pu détruire la force des arrêts du destin révélés par Wellgunde et confirmés par Wotan.

Alors?... Comprenne qui pourra!

Et Wotan, quel dieu est-il? Que veut-il? Que fait-il? Menteur, avide, coureur d'aventures, sans grandeur, sans noblesse, changeant d'avis à toute heure, sans générosité, sans bonté, sans justice, sans force, mené par le bout du nez par sa femme Fricka, une concierge jalouse : le beau roi des Dieux que voilà! Qui nous rendra le divin Jupiter (certes, parfois galant comme un simple Louis XIV), toujours noble, majestueux, puissant à faire trembler l'Olympe d'un mouvement de ses sourcils? Ce n'est pas lui qui eût traité Minerve, sa fille préférée, comme ce butor, lâche et idiot, traite Brünnhilde, la fille de son désir et de sa volonté!

Pauvre Brünnhilde, la seule figure noble et pure de ce ramassis de bandits, de grotesques et de sauvages, punie pour avoir eu pitié, punie pour avoir voulu trop fidèlement servir la pensée secrète et véritable de son père et de son dieu, punie pour avoir été émue, punie pour avoir aimé, trop bien aimé, son père, son frère, sa sœur, son époux, punie pour avoir défendu l'innocence et protégé la faiblesse.

Et punie bien au delà du châtiment prononcé, bien au delà de la cruelle et monstrueuse sentence !

Wotan l'a condamnée, injustement, à devenir femme, la femme de son vainqueur, mais seulement de ce vainqueur ; et ce vainqueur, au moins, ne peut être qu'un héros sans peur et sans tache ! En prononçant l'arrêt suprême ; en baisant pour la dernière fois les yeux, les yeux lumineux, de l'intrépide et admirable enfant ; en l'endormant au sommet du Roc qu'il entoura de flammes dévorantes, le Dieu avait solennellement déclaré que jamais lâche n'approcherait de la déesse déchue. Or, voici que l'infortunée est non seulement trahie par l'époux qu'elle adore, égaré par un philtre grossier (toujours malgré l'Anneau !), mais encore elle est livrée par Siegfried lui-même à un autre homme, odieusement fourbe et lâche, à Gunther, qui la déshonore ainsi « de ces souillures sans exemple, inventées par les Dieux », que maudit si justement Brünnhilde dans ses imprécations.

Pourquoi ce comble d'horreur et d'ignominie? Qui l'ordonna ? Qui le justifie ? Qui l'explique ?

Enfin, Brünnhilde elle-même, la courageuse et loyale femme — dont le cri déchirant nous va jusqu'au fond de l'âme, lorsque, attaquée par

Siegfried masqué qui vient la chercher pour l'emmener dans le lit de Gunther, elle appelle à son aide Siegfried lui-même, — comment peut-elle s'égarer jusqu'à livrer à Hagen le moyen secret d'assassiner Siegfried ?

Comment ne devine-t elle pas les intrigues, les entreprises grossières de Hagen, de Gunther, de Gutrune ? Comment ne les a-t-elle pas plus tôt pénétrées et déjouées ? A quoi lui sert son infinie sagesse de Voyante, qui ne lui fut point ravie, qui se réveillera tout à l'heure, quand s'allumera le bûcher final ?

Ces incohérences ne sont qu'un échantillon de celles qui se dressent et se heurtent d'un bout à l'autre des quatre drames rapprochés. Elles jugent, elles ruinent définitivement la sotte prétention des apologistes maladroits qui veulent transformer Wagner en prophète, en Moïse nouveau, législateur du genre humain futur.

Elles ne diminuent en rien la puissance artistique de son esprit ni son prodigieux génie musical. Elles n'empêchent aucunement les spectateurs, les auditeurs, même les plus choqués par les défauts du drame, d'être subjugués par les admirables beautés de l'œuvre symphonique. La dernière journée, le *Gœtterdæmmerung*, n'en apparaît pas moins à tous ceux qui l'entendent — et plus on l'entend — comme une des plus extraordinaires et des plus sublimes créations de l'art mystérieux de bouleverser l'âme humaine, jusque dans ses profondeurs, par le mouvement et l'harmonie des sons.

*
* *

Toute une réunion d'hommes est là ; près de deux mille. Qu'on leur récite, qu'on leur joue, comme une simple tragédie de Corneille, de Racine, de Shakespeare, comme *Phèdre* ou comme *Hamlet*, l'une des quatre pièces de *l'Anneau du Nibelung*, celle qu'on voudra, à plus forte raison les quatre, l'une après l'autre : les banquettes voleront toutes seules à la tête des acteurs qui n'en pourront mais !

Transformez les acteurs en chanteurs, ajoutez l'orchestre, jetez sur cet amas grossier et puéril de fables incohérentes la magie de la musique, — et que cette musique soit celle que Wagner enfanta pendant vingt ans d'efforts de son génie, — ces mêmes hommes sont arrachés de leur propre raison ; un dieu secret s'empare de leurs sens, de leur imagination, de leur cœur ; leur âme s'enflamme, s'enthousiasme, s'émeut jusqu'au délire ; les larmes coulent de tous les yeux, le sang bat les tempes ; Allemands, Français, Anglais, Italiens, Américains, vieillards, jeunes gens, mères soigneuses, jeunes filles naïves, savants et philosophes, hommes d'État et hommes de guerre, tous si différents, si contraires, une même émotion les secoue et les courbe, comme un ouragan la moisson, sous son irrésistible poussée !

Voilà le spectacle que nous avons offert à Bayreuth, après le dernier acte du *Gœtterdæmmerung*, et j'en suis encore, comme bien d'autres, tout frémissant.

Et cela ne vous suffit pas ; et cette victoire d'un homme sur tous les peuples, sur toutes les races, pendant de longues générations peut-être, ne satisfait pas votre ambition, ô gribouilleurs de gloses ? César et Napoléon n'en remportèrent jamais de plus complètes sur le troupeau des humains.

L'OFFENSIVE ALLEMANDE

Lorsque la vie parlementaire pourra reprendre son cours régulier, le Sénat aura à examiner le projet de loi sur les sous-officiers, récemment voté par la Chambre, et dans lequel figure une disposition, adoptée malgré les ministres de la guerre et des finances, ayant pour objet d'améliorer le sort de cette catégorie si importante de notre armée.

Le Sénat confirmera certainement le vote de la Chambre : il sait mieux que personne la nécessité de donner à nos troupes, par leur encadrement, la solidité qu'elles ne trouvent plus dans la durée restreinte du service.

Ce n'est plus sept ans, ni cinq ans, ni même trois ans, comme l'indique la fiction légale, que les soldats passent sous les drapeaux : il serait aisé de démontrer par A+B que c'est environ dix-huit mois qui est désormais la durée moyenne d'instruction pour nos effectifs en hommes de troupe. On prouverait non moins clairement que, si on ne pouvait pas se procurer au dehors environ 50 à 55 sous-officiers rengagés et commissionnés, on ne trouverait pas dans le régiment le personnel nécessaire pour former les cadres inférieurs.

Ajoutez que ces cadres sont moitié moins nombreux chez nous, par compagnie et par escadron, que chez les Allemands; que le *minimum* du service chez les Allemands est de deux années pleines; que la durée du service dans la cavalerie y est de 4 à 5 ans; — vous comprendrez la nécessité absolue de la loi destinée à nous procurer au moins notre nombre légal de sous-officiers.

Nous semblons vraiment prendre plaisir à défier le bon sens et la destinée. Jamais la France n'eut plus besoin de condenser toutes ses forces pour garantir son indépendance : jamais elle ne s'ingénia davantage à les disperser et à les désorganiser, en présence de rivaux qui ont doublé leur puissance, porté au plus haut point l'art de la guerre et déclarent eux-mêmes, sans mystère, avoir tout disposé en vue de prendre l'offensive.

J'ai sous les yeux le procès-verbal en quelque sorte des travaux de la Commission de 28 membres constituée au Reichstag, le 15 décembre 1892, pour examiner le projet de loi militaire du gouvernement allemand, et dont le rapport fut arrêté, après de longues et laborieuses séances, le 24 avril 1893.

Il est impossible de s'exprimer avec plus de netteté et de franchise que le fit, devant cette Commission, le chancelier Caprivi, sur le but poursuivi par le nouveau projet, devenu, après quelques modifications, la loi du 3 août 1893. Il y expose, à maintes reprises, avec une remarquable énergie d'argumentation, la doctrine systématique de l'attaque brusque et rapide, d'ailleurs si souvent pratiquée par la Prusse et qui fut le ressort de sa grandeur.

L'histoire, dit-il, « nous enseigne *l'obligation* de prendre l'offensive, car c'est à l'offensive que la Prusse a dû tous ses succès...

» La politique exige des victoires dès le début de la guerre afin d'éviter l'invasion : elle veut de courtes guerres et un affaiblissement durable de l'adversaire après la paix. » De « rapides succès nous sont d'autant plus nécessaires, ajoute le chancelier allemand, que nous avons été gâtés en 1870. La guerre sera d'autant plus courte et la paix qui la suivra d'autant plus durable que *les premiers coups seront plus décisifs*. De courtes guerres sont nécessaires pour l'Allemagne qui n'a ni la richesse de la France pour les prolonger, ni l'insensibilité que la Russie tire de son manque de besoins. Il faut *enlever pour*

3

longtemps à l'ennemi le désir de recommencer la lutte. Tous ces résultats ne peuvent être obtenus que par l'offensive.

» ... Malgré le perfectionnement des armes à feu, l'offensive n'en restera pas moins dans l'avenir comme dans le passé la meilleure méthode de guerre. Le gouvernement ne réclame pas autant de soldats qu'il est possible d'en lever, mais seulement autant qu'il est nécessaire d'en avoir pour transporter le théâtre de la guerre sur le territoire ennemi.

» ... Ce n'est qu'après le vote du projet de loi qu'une campagne offensive dirigée contre la France ne constituera pas une opération trop risquée.

» ... Le projet de loi ne donne que la possibilité d'agir offensivement contre la France... »

Sous toutes les formes, à toute occasion, ces dogmes militaires et politiques de l'Allemagne sont répétés, affirmés, et toujours reçus sans contradiction. Le consentement est unanime. La discussion ne porte jamais que sur un point de fait : Dans quelle mesure les efforts, les sacrifices demandés au peuple allemand sont-ils indispensables pour obtenir le résultat cherché, pour être assuré de pouvoir prendre, en toute occasion, une irrésistible offensive?

Quant à la nécessité absolue de cette offensive, jamais personne ne la met en doute. Un des membres de la Commission exprime un jour l'opinion que l'on pourrait chercher un autre système, en vue de combattre efficacement l'alliance franco-russe, qu'il regarde comme durable, car, dit-il, « ce n'est que dans le cas où le parti socialiste arriverait au pouvoir en France » qu'elle serait rompue ; il pense même et ose dire que « la faute de l'Allemagne a été l'annexion de l'Alsace-Lorraine, qui a provoqué l'éternel cri de revanche » ; mais ce membre audacieux de la Commission du Reichstag se garde bien, lui-même, de discuter la nécessité de l'offensive !

Il se souvient trop, comme tout fidèle Allemand, des actes et des leçons de Frédéric II, tantôt partant subitement de Berlin, le 21 décembre 1740, après un bal masqué, et envahissant le 1er janvier 1741 Breslau tout stupéfait; tantôt enseignant dans ses *Mémoires*, pour l'édification de ses successeurs, qu'il est plus avantageux « d'attaquer incontinent ses ennemis » et que « le nom si terrible d'agresseur n'est qu'un vain épouvantail, ne pouvant en imposer qu'à des esprits timides ; » tantôt écrivant au roi d'Angleterre, tandis qu'il commençait brusquement, sans déclaration, la guerre de Sept ans : « Il vaut mieux prévenir que d'être prévenu ! »

Dans une autre séance, un autre membre de la Commission se plaint avec véhémence du poids de la paix armée; il fait remarquer que l'esprit de sacrifice militaire n'est pas aussi grand dans l'Allemagne du Sud que dans l'Allemagne du Nord. Il va jusqu'à dire : « Le peuple est tellement mécontent que, si le Reichstag est dissous, le candidat qui aura le plus de chances de succès dans les élections sera celui qui s'élèvera le plus contre le projet militaire. » En quoi ce modèle des députés-candidats ne se montra point bon prophète, comme l'événement l'a prouvé. Le chancelier se borne à lui répliquer qu'il s'agit de l'existence et de l'avenir de l'empire; qu'on ne saurait les faire dépendre des dispositions du peuple dans le présent; et que, d'ailleurs, puisque des députés sont assez peu soucieux de leur devoir envers l'Allemagne pour « faire dépendre leur attitude de celle des électeurs », le gouvernement cherchera à faire parvenir à ceux-ci des explications sur ses vues; c'est-à-dire, en français, fera marcher la presse officieuse à l'aide des fonds secrets.

Mais, là encore, dans ce vif débat, à aucun moment, aucun mot contre la loi sacrée de l'offensive!

L'unanimité constatée sur ce point dans le compte rendu des travaux de la Commission se rencontre dans la discussion publique. C'est aux applaudissements du Reichstag tout entier que le chancelier prononça ces inoubliables paroles, que personne en France ne semble avoir entendues : « Nous voulons maintenant la paix, mais si nous n'y réussissons pas, nous voulons vaincre!.... Nous voulons être assez forts pour pouvoir prendre l'offensive au point de vue stratégique, c'est-à-dire pour ne pas commencer la guerre sur notre territoire, mais sur celui de l'ennemi... Où voit-on là du militarisme? Nous ne pouvions certes pas attendre que les électeurs nous invitassent à présenter un projet de loi comme celui dont il s'agit, ou que l'ennemi eût pénétré dans le pays! Nous devons être à la hauteur de notre tâche au moment de la mobilisation. A ce moment-là, une giberne bien garnie vaudra mieux qu'un porte-monnaie bien rempli; la cote de la Bourse ne fera pas alors la guerre, mais la guerre fera la cote de la Bourse! »

Ces préoccupations dominantes du gouvernement allemand, toutes naturelles chez un peuple dont on a pu dire avec raison que la « guerre est son industrie », se sont encore fait jour récemment au Reichstag, à l'occasion du budget de 1896-1897, dès l'ouverture de la discussion générale.

La loi du 3 août 1893 a non seulement augmenté l'armée allemande de 2,000 officiers, de 11,000 à 12,000 sous-officiers et de 60 000 hommes de troupe, mais elle a aussi créé les quatrièmes demi-bataillons par chaque régiment, afin qu'ils servent de régulateurs aux différentes compagnies, en leur fournissant des remplaçants pour tous hommes manquants, et en assurant ainsi la plénitude et la permanence des effectifs, condition essentielle de la bonne préparation à la guerre.

Or, voici que ce rôle ne paraît plus suffisant. D'après le ministre de la guerre lui-même, général Bronsart von Schellendorff, les rapports des commandants de corps d'armée, qui expérimentent depuis deux ans la nouvelle organisation, sont *unanimes* à réclamer que les quatrièmes demi-bataillons soient « transformés en unités de même valeur que les autres, marchant de pair avec celles-ci en temps de paix aussi bien qu'en temps de guerre ».

Dans un pays où tout est subordonné à la puissance militaire, un tel vœu des chefs de l'armée, manifesté officiellement, a bien des chances pour suivre son cours et pour se transformer en réalité, d'autant plus que le nouveau dénombrement vient de prouver que le peuple allemand s'est enrichi de 2,816,033 unités humaines depuis le dénombrement de 1890, sur les chiffres duquel avaient été calculés les effectifs de la loi de 1893.

Or, le principe de l'organisation militaire allemande étant un rapport mathématique entre le nombre des soldats sous les armes et le chiffre de la population, la logique, l'arithmétique et la doctrine de Frédéric II vont se trouver d'accord pour démontrer l'urgence et la nécessité de compléter les 173 demi-bataillons. Comment pourrait-on ne pas céder à cette irrésistible trinité d'arguments souverains? Du reste, ce dénouement avait été prévu, dès le début, par les esprits avisés, lorsque la loi fut votée. Les prophètes avaient annoncé que les demi-bataillons « ne tarderaient pas à crier » pour réclamer la moitié qui leur manque. Ce sont ces cris qui viennent de retentir par la bouche des vingt commandants de corps d'armée.

Sans doute, le ministre de la guerre a déclaré à la Commission du budget du Reichstag, a répété, il y a quelques semaines, devant le Reichstag lui-même, que l'effectif total fixé par la loi de 1893 jusqu'en 1899 ne serait pas dépassé. Mais cette promesse implique essentiellement la condition que le problème militaire pourra être résolu heureusement sans cette augmentation; qu'on pourra conserver les compagnies des 519 bataillons complets au *minumum* permanent de 150 hommes dans les compagnies normales et de 175 hommes dans les compagnies renforcées, et, simultanément, transformer en bataillons complets, à effectif régulier également permanent, les demi-bataillons actuels; — et, tout cela, sans un homme de plus! C'est une devinette qui pourrait embarrasser Inaudi lui-même.

Si personne, dans aucune *Brasserie du Commerce*, n'en trouve le mot, il faudra bien cependant en venir aux grands moyens; car ce qui est dès à présent certain, c'est que les 173 demi-bataillons doivent devenir « des unités de même valeur » que les autres, et que ces « autres » doivent conserver tous les éléments de leur force et de leur énergie, pour assurer « l'offensive allemande », garantie tout à la fois, comme on le sait, de la victoire allemande dès le début de la guerre, et du maintien de « la paix de l'Europe ».

La paix de l'Europe? Elle a un anévrisme (1).

(1) Cet article a paru dans le *Figaro* du 8 avril 1896.

LA CONCURRENCE ALLEMANDE

Les formules générales ne peuvent suffire pour donner une idée juste des formidables progrès de la puissance et de l'activité économiques de l'empire allemand, sur lesquels j'appelais, ici même, il y a quelques jours, l'attention publique. Les faits matériels seuls, en pareille circonstance, possèdent la force et la clarté démonstratives.

Il n'est pas nécessaire d'en grouper beaucoup pour que la réalité surgisse à tous les yeux, et pour que la France comprenne le sort qui l'attend, si elle continue à dormir dans l'anarchie et dans les illusions où elle paraît se complaire.

Je lisais récemment, dans le *Cours de Géographie militaire* enseigné à l'Ecole d'application de l'artillerie et du génie à Fontainebleau, la statistique comparée des principaux Etats de l'Europe, donnant leurs forces respectives en hommes, armées, finances, commerce, etc..., et j'y voyais que la France est bien supérieure à l'Allemagne dans l'ordre économique, puisque notre commerce extérieur s'élève à 9 milliards et demi, tandis que celui de l'Allemagne n'atteint que 7 milliards et demi.

Si le *Cours* (d'ailleurs fort remarquable en d'autres parties) n'a pas été remanié depuis l'édition que j'examinais, il faut avouer que nos officiers de l'artillerie et du génie sont étrangement renseignés.

Il fut une époque, en effet, où notre puissance économique dépassait celle de l'Allemagne, mais elle est loin de nous, et chaque jour qui s'écoule semble nous en éloigner davantage.

Il y a quinze ans — ce long espace de la vie humaine au temps de Tacite, ce long espace de la vie des peuples, aujourd'hui, — nous occupions encore dans le bilan général des transactions internationales du monde un rang supérieur à celui de l'empire allemand. En 1880, année culminante de notre histoire économique, notre commerce extérieur spécial (c'est-à-dire non compris les marchandises en transit) s'éleva à 8 milliards 501 millions, tandis que celui de l'Allemagne s'arrêtait à 7,351 millions, soit une différence de près de 1,200 millions à notre profit.

Alors, nous tenions, après l'Angleterre, la tête

des nations; malgré les catastrophes de 1870, nous avions conservé notre rang, quoique nos exportations eussent déjà fléchi depuis 1875, année où elles atteignirent leur apogée.

L'Allemagne ne venait qu'au quatrième rang.

Après nous et avant elle, c'étaient les Etats-Unis, avec un chiffre de 8,243 millions.

Les choses ont bien changé !

L'Angleterre, maîtresse des eaux, usine, atelier, comptoir, marché, voiturier maritime de l'univers, est restée la première. Parmi les seize pays dont le commerce extérieur dépasse (pour chacun) un milliard, et dont les échanges réciproques se totalisent par la somme de près de 80 milliards, la « plus Grande-Bretagne » figure à elle seule pour plus du cinquième, grâce au chiffre énorme de ses importations, qui dépassent *dix milliards*, et qui ne la ruinent pas, quoiqu'elles soient presque le double de ses exportations.

En 1895, en effet, les importations du Royaume-Uni ont atteint 10 milliards 522 millions, et ses exportations 5 milliards 708 millions; — ensemble 16 milliards 228 millions.

Mais le second rang n'appartient plus à la France : l'Allemagne s'en est emparée, prenant ainsi l'avance à la fois sur les Etats-Unis et sur nous; — si bien que l'ancienne hiérarchie industrielle et commerciale si longtemps immuable : Angleterre, France, Etats-Unis, Allemagne, s'est ainsi transformée : Angleterre, Allemagne, Etats-Unis, France, avec les chiffres suivants, représentant le dernier bilan du commerce extérieur spécial, celui de 1895 :

Angleterre.	16.228	millions.
Allemagne.	9.105	—
Etats-Unis.	7.697	—
France	7.093	—

Pendant les quinze dernières années, tandis que le commerce extérieur du monde a progressé d'une vingtaine de milliards, nous avons baissé environ d'*un milliard et demi* (tombant de 8.501 millions à 7,093 millions), et l'empire allemand s'est enrichi de tout ce que nous perdions, et même d'un peu plus, en s'élevant de 7,351 millions à 9 105 millions, soit une augmentation de 1,754 millions !

Certaines de ses industries ont pris un incroyable développement : sa fabrication de produits chimiques s'est emparée de tous les marchés ; sa métallurgie, devenue cyclopéenne, produit 9 à 10 millions de tonnes de fer et d'acier ; ses exportations de houilles, de minerais, de cotonnades, de fers montent comme une marée d'équinoxe. Son port de Hambourg, dont j'avais vu, il y a dix ans, les premiers travaux d'agrandissement, est devenu si actif qu'il a devancé Liverpool, l'emportant aujourd'hui de plus d'un demi-million de tonnes, dans le mouvement maritime comparé de 1895, sur le port de la Mersey.

Je ne parle pas, hélas! de notre infortunée Marseille ; il en faudrait deux, maintenant, pour équivaloir à Hambourg.

Les Anglais, qui surveillent si attentivement la marche des affaires sur la surface du globe, se sont émus de ces progrès de l'empire allemand, qui ne frappent pas seulement la France en pleine poitrine, mais qui atteignent le Royaume-Uni lui-même! De toutes parts, les cris d'alarme retentissent dans les journaux, dans les revues, dans des brochures.

« Les fabricants anglais ne doivent pas perdre de vue, écrit de Colombo un correspondant du *British Trade Journal*, que les marchés d'Extrême-Orient leur échappent de plus en plus par l'effet de la concurrence allemande. A Bombay, dans les principaux hôtels, le voyageur peut se demander s'il est sur les bords du Rhin ou dans une ville de l'Inde. La concurrence de l'Allemagne dépasse tout ce qu'on peut imaginer... Une enquête soigneuse auprès des marchands parsis, musulmans et hindous nous a convaincu des progrès gigantesques faits par les Allemands. Le moment est venu de prendre des mesures pour les arrêter. L'Angleterre a-t-elle dépensé des millions de livres sterling, perdu des milliers de braves gens et déployé des ressources d'une habile diplomatie pour ouvrir aux Allemands les marchés de l'Extrême-Orient? »

Les mêmes constatations sont faites par les Anglais dans toutes leurs colonies et leurs possessions : au Canada, en Egypte, en Australie, en Nouvelle-Zélande, à plus forte raison au Japon, en Chine, en Cochinchine.

Bien plus, chez eux-mêmes, dans leurs trois royaumes, ils se voient concurrencés pour les produits industriels qui semblaient jusqu'à présent constituer le monopole inébranlable de l'industrie britannique ! Ce n'est pas une armée française qui a envahi nuitamment l'Angleterre par le tunnel sous la Manche — on n'en est pas encore tout à fait là ! — mais c'est une invasion non moins sacrilège et non moins menaçante qui vient de se produire : l'Allemagne a fait pénétrer à Londres, à Manchester, à Dublin, à Liverpool, des toiles de chanvre et de lin, et même, ô prodige ! — des cotonnades !

Oui ! des cotonnades, pour plus de cinq millions !... En Angleterre !

Vous imaginez sans peine la révolution déchaînée par ce phénomène. Plus que jamais, les brochures pleuvent, et le commerce anglais se prépare aux efforts que lui commande une telle situation et qu'il saura prendre, n'en doutez pas.

En attendant, les Allemands redoublent d'activité, d'initiative, d'esprit d'entreprise. Leurs mines, leurs usines métallurgiques, leurs hauts-fourneaux, leurs filatures, leurs tissages, sont tellement occupés, les commandes sont si nombreuses, qu'il faut étendre et perfectionner les installations et l'outillage. Afin de réaliser les ordres et, en même temps, de réduire les prix de revient, on dépense des sommes énormes. Certains grands établissements ont établi dans leurs ateliers de nouveaux systèmes complets de moteurs électriques remplaçant entièrement la vapeur.

J'ai vu, à ce sujet, à l'exposition de Berlin, il y a quelques jours, les appareils les plus intéressants.

Les Allemands hésitent d'autant moins à exécuter ces améliorations et ces dépenses, quelque sacrifice d'argent qu'elles exigent, qu'ils ne font que semer pour récolter ; — ils le savent bien. Les rapports des directeurs ou des administrateurs des compagnies industrielles sur l'augmentation de la production et sur les bénéfices réalisés pendant la dernière année, dans toute l'Allemagne, ne laissent à cet égard subsister aucun doute.

Telle industrie — celle du jute, par exemple — a distribué couramment des dividendes de 8 à 25 pour 100, tout en mettant des sommes considérables à l'amortissement et en entreprenant des agrandissements nouveaux.

Ces résultats ne sont pas obtenus sans effort ni sans peine. Les Allemands ne plaignent ni l'un ni l'autre. Ils ne demandent pas à leur gouvernement de travailler pour eux. Ils n'attendent pas de lui, d'un miracle de sa prévoyance, de sa sollicitude, que les cailles tombent toutes rôties sur leurs tables. Ils ne négligent aucun détail, ne reculent devant aucune difficulté. De son côté, il faut le dire, leur gouvernement ne perd jamais une occasion d'appuyer de toutes ses forces les entreprises de l'individu. Il faut voir cela sur place, au dehors, en Russie, en Orient! Le consul, l'ambassadeur de la République française qui serait assez téméraire pour faire la dixième partie de ce que font quotidiennement les consuls, les ambassadeurs allemands, pour quiconque, parmi leurs nationaux, sollicite leur concours, se verrait aussitôt soupçonné, accusé, pris à partie par tous les sycophantes qui exploitent, si heureusement pour eux, le champ infini de la bêtise et de l'envie, et révoqué ou « lâché » avec un empressement électrique.

C'est là, d'ailleurs, un péril que nos diplomates ne courent guère : nous ne leur fournissons pas souvent l'occasion de le braver ou de le fuir. Peut-être savons-nous trop bien, d'avance, le parti que la plus élémentaire sagesse leur conseille, depuis Lally-Tollendal, — et depuis Lanessan.

Quoi qu'il en soit, les résultats constatés n'en sont pas moins affligeants pour la France, pour son développement, pour son influence, pour son rôle historique. Ne cherchons pas à nous leurrer, à nous consoler par de vaines apparences ou des fantasmagories. Notre richesse publique est menacée dans sa source. Il suffit de savoir lire et d'ouvrir les yeux pour le voir.

J'entends souvent des gens, qui d'ailleurs n'ont jamais quitté le coin de leur feu, se plaire à répéter : « Nous n'avons rien à craindre de l'Allemagne ; durons seulement ; toute journée qui s'écoule travaille pour nous en ruinant nos rivaux par les sacrifices qu'ils s'imposent, tandis que notre richesse augmente. C'est la banqueroute qui tuera l'empire allemand ! »

Je recommande simplement à ces âmes naïves de méditer les chiffres qui précèdent, comme je prie l'honorable général Billot, si attentif aux devoirs de son ministère, de faire publier une nouvelle édition, mise à jour, de la *Géographie militaire* de Fontainebleau, si ce n'est déjà fait.

Mais qu'importe tout cela, si un « esprit nouveau » ne souffle pas sur notre pays tout entier, ne ranime pas en lui les qualités de la race — la raison, la loyauté, le bon sens, l'initiative, le goût de l'action — qui semblent aujourd'hui

4.

éteintes ; si la France s'abandonne au charlatanisme socialiste, à la sottise démagogique ; si elle reste en proie au système sans nom qui la paralyse et la détruit, atome par atome, sous le masque et l'étiquette menteurs de régime parlementaire ?

L'ARTILLERIE ALLEMANDE

I

L'artillerie fait du bruit : dans les journaux, heureusement. On ne parle, de toutes parts, que de canons à tir rapide. On dit que nous allons dépenser 200 millions pour construire un nouveau matériel. On dit que l'empereur Guillaume II va demander 250 millions de marks (312 millions de francs) pour renouveler complètement ses batteries. On dit...

J'ignore si le général Billot se propose de demander 200 millions : il sait ce qu'il doit faire, quand et comment. On peut s'en rapporter à sa vigilance et à son patriotisme.

J'ignore encore plus ce que médite l'Empereur allemand.

Ce que je sais, c'est qu'on aurait vraiment droit

d'être surpris qu'il eût à demander 250 millions de marks pour renouveller son artillerie ! Il vient à peine, en effet, de terminer ce renouvellement, — ou les préparatifs financiers de ce renouvellement ; — car il y a là un mystère des plus étranges qu'il faut exposer aux Français, pour leur montrer comment les Allemands savent se préparer ; quel esprit de méthode, de prévoyance, de persévérance, de discrétion inspire et dirige leur conduite, en vue des carnages futurs comme dans la bataille économique.

La donnée du problème est celle-ci :

« Les Allemands ont-ils construit, dans ces trois ou quatre dernières années, une nouvelle artillerie à tir rapide ? »

Les uns disent oui. D'autres disent non.

Voici les faits.

*
* *

En 1892, le bruit se répandit — doucement — en Allemagne, que l'Empereur avait arrêté le type d'un nouveau canon perfectionné et qu'il allait, en conséquence, demander des crédits extraordinaires. Les journaux allemands dirent quelques mots, puis se turent.

Le budget de 1892-1893 fut déposé bientôt après. Il contenait, en effet, un crédit extraordinaire de 158 millions de francs, figurant au budget des *Dépenses pour une fois sur ressources spéciales* — avec ce seul exposé des motifs : « *Nouvelle fabrication pour buts d'artillerie* ». Nulle explication moins compendieuse, dans aucun discours. A son tour, la Commission du budget du Reichstag fut muette comme une carpe. En séance publique, les bons socialistes, Bebel et ses amis — (*Les peuples sont pour nous des frères*), — ne parlèrent pas davantage. Et le crédit de 158 millions destiné à être dépensé en trois annuités, dont la première s'élevait à 60 millions, fut voté avec la plus taciturne et la plus touchante unanimité.

Mais c'est ici le lieu de préciser quelques détails sur le budget de la guerre allemand.

Ce budget est divisé en trois parties :

1° « Dépenses *ordinaires* », gagées sur des ressources *ordinaires*, c'est-à-dire sur l'impôt. Il ne comprend que les dépenses normales, régulières, qui se reproduisent chaque année, toujours les mêmes dans leur nature et leur mécanisme, sinon dans leurs détails.

2° « Dépenses *pour une fois* » gagées, elles aussi, « sur les ressources *ordinaires* ». Ce sont — leur nom l'indique — des dépenses qui ne sont pas destinées à se renouveler, à se continuer, mais qui ne comportent pas de grand effort financier.

3° « Dépenses *pour une fois sur ressources spé-*

ciales ». Celles-ci ont un caractère exceptionnel, extraordinaire, par leur importance, par leur nature. Aussi ne demande-t-on pas à l'impôt, mais à l'emprunt de les supporter. C'est la catégorie dans laquelle on range, notamment, les fabrications d'armes nouvelles, de matériel nouveau, les constructions de forteresses nouvelles, de chemins de fer exclusivement stratégiques, etc...

Ces « *dépenses sur ressources spéciales* » sont le pendant de notre ancien budget extraordinaire de la guerre, et c'est dans leur cadre que fut inscrit le programme des 158 millions pour « buts d'artillerie »; ne traduisez pas: pour « cibles »; vous vous tromperiez!

Ajoutons, à titre de renseignement, que c'est dans cette double catégorie de « dépenses pour une fois » que figurent également, cette année, de nouveaux crédits employés par l'Allemagne pour fortifications et dépenses de guerre spéciales en Alsace-Lorraine, et dont le montant s'élève à 12,740,287 francs, soit une somme égale à la moitié du *total* de nos dépenses « extraordinaires » d'artillerie, de génie, de fortifications, etc., au budget de 1897.

*
* *

Certes, 158 millions sont une somme. Ils permettent de fabriquer une recommandable quantité de canons, même en les comptant au prix fort. Il vous suffit de réfléchir qu'une de nos batteries de campagne, chevaux non compris, ne représente guère plus de 120,000 francs. A ce prix, 150 millions donneraient plus de 1,300 batteries, puisqu'on n'a pas à acheter de chevaux. Ceux qu'on a traîneraient aussi bien les nouveaux canons que les anciens. Mais passons...

Eh bien ! ces 158 millions de francs n'étaient pas tout.

Ils étaient ce qu'on voyait.

Ce qu'on ne voyait pas doublait cette somme!

Vous savez que les crédits *ordinaires* ne correspondent qu'aux dépenses ordinaires habituelles, permanentes — lesquelles ne sauraient permettre la fabrication de nouveaux canons.

Ainsi, le budget *ordinaire* de la guerre allemand comprend, dans son chapitre 37, un certain nombre d'articles (de *titres*, suivant l'expression allemande) relatifs au *matériel d'artillerie*. Ce sont les *titres* 15 à 23 du chapitre 37.

Les crédits de ces *titres* sont destinés à l'*entretien* du matériel : réparations, remplacement des canons, fusils, affûts, caissons détériorés, brisés ; aux munitions pour les écoles à feu ; aux cartouches pour les tirs, les grandes manœuvres, etc., etc.

Ils correspondent exactement aux crédits de même nature figurant dans notre budget de la guerre au chapitre 45 : *Etablissements de l'artillerie. Matériel d'exploitation.*

Or, notre artillerie, quelque ingénieuse qu'elle soit, serait bien embarrassée s'il lui fallait renouveler son matériel avec les ressources que ce chapitre met à sa disposition!

L'artillerie allemande était logée à la même enseigne.

Chargée d'un matériel à peu près équivalent au nôtre, elle était dotée de crédits à peu près égaux aux nôtres. Même besogne, même dépense.

Aussi, les dépenses du *matériel d'artillerie*, en Allemagne et en France, avaient été, en moyenne, égales, de 1885 à 1890.

Pendant les cinq années 1885 à 1889, inclusivement, elles s'étaient élevées, en France, à 81.419,000 francs.

En Allemagne, pendant la période correspondante, c'est-à-dire pendant les exercices 1885-86 à 1889 90 (le budget allemand commençant au 1er avril pour finir au 31 mars de l'année suivante), les mêmes sortes de dépenses s'étaient élevées à 81,876 000 francs.

C'est l'identité; — il en ressortait une dépense moyenne annuelle de 16 millions, dans chacun des deux pays.

Or, tandis que les choses restaient ainsi chez nous, tandis que nous économisions même sur cette dépense — puisque depuis 1890 notre moyenne n'a plus été que de 13 à 14 millions par an, — voici que les Allemands augmentèrent brusquement leurs allocations.

Ce fut d'abord, au budget de 1890-91, une augmentation de 3 millions, tandis que nous faisions une *diminution* intelligente de près de 3 millions!...

Puis, en 1891-1892, le crédit d'entretien, le crédit régulier permanent des *titres* 15 à 23 dont j'ai parlé plus haut, est porté d'un seul coup à 35,409,000 fr. — plus du double de la dépense ordinaire utilisable !

Et depuis lors, la danse des millions n'a fait que se précipiter.

En voici, d'ailleurs, l'édifiant et éloquent tableau :

En 1891-92.	35.409.000 fr.
1892-93	37.176.000
1893-94	37.571.000
1894-95	40.765.000
1895-96	41.091.240
1897-97.	41.181.225
Total	233.193.465 fr.

Or, pendant cette période, les besoins de *l'entretien*, du service normal, ordinaire, ne comprenant pas de fabrication de matériel nouveau, n'ont pas pu dépasser 93 millions.

C'est donc une somme de 140 millions qui a été (ou sera) consacrée à d'autres usages que ceux de l'entretien — et qu'il faut ajouter aux 158 millions du programme pour « buts d'artillerie » exécuté de 1832 à 1895. Soit un ensemble de dépenses extraordinaires au service de l'artillerie s'élevant à 298 millions à la fin du mois de mars prochain.

Je néglige même d'autres dépenses, disséminées çà et là, qui grossiraient ce total d'une somme importante.

Tel est le tableau des chiffres.

Il nous reste à l'interpréter, à chercher dans les faits l'explication que nulle parole n'a donnée, l'emploi d'une somme aussi formidable demandée, accordée, votée dans un si étrange silence.

Nous chercherons (1).

(1) *Figaro* du 29 décembre 1896.

II

Les journaux allemands ont discuté mon premier article et rappelé les dépenses extraordinaires de la guerre depuis 1887, afin de prouver que le crédit de 158 millions, voté en 1892-93, n'a rien d'exagéré.

Je connais les dépenses des Allemands. J'ai moi-même publié le tableau complet de leurs budgets depuis 1871.

Mais il ne s'agit pas de savoir si la somme votée en 1892-93 est exagérée; il s'agit de savoir quel usage on en a fait, — et pourquoi on a dissimulé, sous les apparences de crédits d'entretien, des dépenses considérables, consacrées à de nouvelles fabrications d'artillerie, et qui doublent l'importance du crédit extraordinaire de 1893.

Je n'ai donc pas à répondre sur ce qui n'est pas en question, — et je continue.

D'abord, il est certain que les Allemands ont

modifié complètement leur artillerie vers 1891.

Ils l'avaient modifiée une première fois, après la guerre, en 1873; puis une seconde fois, en 1888. A cette date, ils allégèrent leurs canons de campagne et ils adoptèrent un calibre unique : celui de 88 millimètres. Ce canon fut désigné sous le nom de « modèle 1873-1888 ».

Il était déjà plus léger que notre canon, ou mieux que nos canons, puisque nous en avons de deux calibres : l'un de 80 milimètres, qui n'est employé que dans nos batteries à cheval; l'autre de 90 millimètres : ce dernier presque exclusivement employé dans le reste de notre artillerie et, par conséquent, beaucoup plus répandu.

Les Allemands ne s'en tinrent pas là. Toujours à l'affût des perfectionnements réalisés par d'autres pays ou rendus possibles par la science, ils résolurent, dans le courant de 1890, de transformer toutes leurs pièces de canon, non pas au point de vue du calibre, mais au point de vue de certains détails du mécanisme, et surtout du métal.

Ils s'étaient rendu compte qu'une combinaison de 5 à 10 pour 100 de nickel avec l'acier donne au métal ainsi obtenu des qualités de souplesse rendant presque impossibles les accidents, toujours très graves par leurs conséquences immédiates et plus encore par leurs conséquences morales, qui se produisent lorsque des obus chargés à la mélinite viennent à éclater dans la pièce.

Ils n'hésitèrent pas une minute et procédèrent à une troisième transformation.

Ce nouveau canon, désigné sous le nom de « modèle 1891 », fut rapidement créé et remplaça partout les modèles « 1873-1888 ». Ils faisaient en même temps subir aux affûts, aux avant-trains, aux caissons, les modifications indiquées par leur découverte, et ils obtenaient ainsi un matériel sensiblement plus léger que le nôtre.

Le « canon complet » des Allemands, c'est-à-dire avec affût et avant-train, ne pèse guère, en effet, que 1,800 à 1,900 kilos, — et le canon « en batterie » que 900 à 1,000 kilos ; — soit, dans chacun des deux cas, environ 300 à 400 kilos de moins que nos canons de 90 millimètres. Différence considérable, étant donnée l'importance de la mobilité des pièces, dans la guerre moderne plus encore qu'auparavant.

Une amélioration analogue a été accomplie par nos voisins dans le poids de leurs caissons. Notre artillerie est, à ce point de vue, on le sait, une des plus défectueuses du monde, puisque le poids mort de nos caissons est bien près des deux tiers du poids total, — ce qui ne laisse qu'un tiers d'utile. Les modèles « 1891 » des Allemands, sans avoir réalisé tous les progrès possibles, sont toutefois meilleurs que les nôtres, c'est-à-dire d'un rendement utile plus élevé : peut-être 40 pour

100 au lieu de 33 pour 100. Il est facile, aujourd'hui, d'obtenir beaucoup mieux. On le sait bien à Saint-Thomas-d'Aquin.

Les Allemands ne s'arrêtaient pas là. Tout en adoptant en même temps une poudre sans fumée analogue à la nôtre — mais inférieure à la nôtre — ils fabriquaient de nouveaux obus, perfectionnant leur « fusée fusante » dont l'effet était moins « allongé » que l'effet de la nôtre, et chargeant leur obus, à l'intérieur, d'un plus grand nombre de balles que nous le faisons. Ce n'était pas encore là, cependant, l'amélioration la plus importante.

La grande difficulté pour l'artillerie, actuellement, à cause de la longue portée des pièces, est de trouver l'ennemi à atteindre — l'ennemi qui se cache, qui profite du moindre pli de terrain, des plus maigres broussailles pour se dissimuler. Le soldat français, à cet égard, est d'une habileté, d'une ingéniosité à nulle autre pareilles : chacun le reconnaît.

Le problème se complique encore depuis la poudre sans fumée.

Autrefois on voyait l'ennemi ; si on ne le voyait pas, on voyait la fumée de ses coups de canon : on ne voit plus ni l'un ni l'autre.

D'autre part, le « réglage » du tir, ainsi rendu si difficile, est encore soumis aux influences les plus diverses : la température, la pluie, la pression barométrique, l'altitude, le vent, etc., mofient le tir dans des proportions qu'on ne saurait croire, parfois de plusieurs centaines de mètres.

Il est donc absolument nécessaire pour l'artilleur — à qui le flair ne suffit plus — de *voir* où tombe son obus, afin de se rendre compte s'il tire « trop long » ou « trop court », ou trop à droite ou trop à gauche et de combien sont ses écarts — pour les rectifier. C'est là le « réglage », quelquefois très long à obtenir, pouvant même exiger plusieurs heures, surtout sur le champ de bataille.

Or, l'artilleur voit d'autant mieux où tombe son obus que celui-ci fait, en éclatant, une fumée plus abondante et d'un blanc plus opaque. Autant il faut que la poudre qui lance l'obus soit invisible dans les effets de son explosion, autant il faut que celle qui est enfermée dans l'obus se manifeste lorsqu'il éclate.

C'est ce dernier problème que les Allemands, — grands chimistes, — ont merveilleusement résolu. Ils disposent pour ainsi dire « en vrac » leurs 300 balles dans l'obus en comprimant, entre les interstices de ces balles, une poudre d'une composition secrète — (mais dans laquelle entre certainement le phosphore rouge, puisqu'ils ont, tout à coup, installé quatre usines destinées uniquement à la fabrication de ce produit) — qui engendre, au point même où l'obus éclate, des nuages énormes de la fumée la plus opaque, que les officiers les plus myopes ne sauraient ne pas voir même à trois kilomètres.

La période des tâtonnements est ainsi raccourcie et le réglage accéléré autant que possible — ce qui est le point capital, plus encore assurément que le nombre des coups par minute ; — car, une fois réglé, le tir de l'artillerie actuelle est foudroyant, irrésistible dans ses effets; la place n'est plus tenable, même si la batterie ennemie ne tire que 6 coups à la minute. Il n'est pas nécessaire qu'on en reçoive davantage pour être obligé de déloger : le courage n'y peut rien !

Nous en sommes restés, nous, à nos obus à poudre classique, au moins pour les obus du calibre 90. Ne faut-il pas faire des « économies » sur le chapitre 45 du budget de la guerre, et ne sommes-nous pas fiers comme Artaban d'avoir rogné de 2 millions les crédits que les Allemands augmentaient de 25 millions ?

Telles sont, à grands traits, quelques-unes des réformes apportées dans leur artillerie par nos voisins, vers 1890-1891.

Si nous le savons, ce n'est point qu'ils l'aient dit. Ils n'en ont pas ouvert la bouche. Ils n'en ont pas écrit un mot. Mais les officiers d'artillerie français, incontestablement les premiers du monde par leurs facultés d'imagination comme par leur savoir et leur application, ont pu, à l'aide de quelques lambeaux, reconstituer avec une sûreté mathématique toutes les opérations de l'artillerie allemande.

Ainsi faisait Cuvier, parvenant, à l'aide de sa grande loi de la *corrélation des formes*, à ressusciter en effigie les espèces disparues.

*
* *

Eh bien ! lorsque j'ai souvent appelé, depuis trois ans, l'attention de qui de droit sur l'usage que les Allemands avaient fait de leurs crédits nouveaux, des gens fort bien placés pour être mieux informés que moi m'ont répondu : « Ils ont refait leur artillerie d'après le modèle 1891. »

Je ne crois pas la réponse exacte (quant à l'emploi des fonds dont il s'agit, bien entendu), par la raison fort simple qu'il y a eu des crédits spéciaux pour cette réfection, — et que ceux dont je cherche l'emploi sont postérieurs et absolument distincts.

En effet, les dépenses extraordinaires de l'artillerie allemande, au titre du budget *sur ressources spéciales*, ont été dotées en 1890-91 et en 1891-92 (précisément à l'époque dont j'ai parlé plus haut) d'une première somme de 72 millions de francs, d'une seconde somme de 109 millions et d'une troisième petite somme de 3 millions ; en tout, 184 millions de francs.

Simultanément, les *titres* correspondants du budget ordinaire étaient augmentés pour ces deux exercices de 24 millions ; soit une dotation totale de 208 millions de francs.

Voilà ce qui a payé les modifications résultant de l'adoption du « modèle 1891. »

Mais il y a autre chose !

Il y a le programme mystérieux apparu en 1892-93 — un an après — s'élevant, ainsi que je l'ai rappelé, à 161 millions (j'avais dit 158, citant de mémoire ; le chiffre exact, que je retrouve dans mes notes, est de 160,929,400 francs), et dont le montant a été réparti en trois exercices : 1892-93, 1893-94 et 1894-95.

J'avais parlé d'autres sommes ; je vais les préciser.

Il y a, aux mêmes budgets, un second crédit de 31 millions, sous la rubrique «*fabrication d'armes portatives* » — et un troisième crédit de 33 millions, sous la rubrique « armement en artillerie des nouvelles fortifications ; amélioration de l'artillerie dans les forteresses les plus importantes. »

Tout cela représente 225 millions de francs.

Ajoutez les majorations que j'ai expliquées aux budgets *ordinaires* des mêmes années, formant un ensemble de 68 millions ; vous voyez que nous retrouvons 293 millions, au 31 mars 1895. — (J'avais seulement compté 298 millions au 31 mars prochain ; mais, du 1er avril 1895 au

31 mars 1897, le seul budget ordinaire aura fourni à l'artillerie, pour *fabrications nouvelles*, au moins 50 millions de plus!)

Or, il est bien clair que ces 293 millions — ou ces 343 millions, si vous comptez jusqu'au 31 mars prochain — n'ont pas été absorbés par les opérations de 1891, déjà amplement dotées, vous l'avez vu.

Ils n'ont pas été absorbés non plus par les augmentations de matériel correspondant aux augmentations d'effectifs créées par la loi du 15 juillet 1893.

En effet, cette loi n'a créé que 63 batteries nouvelles, à 6 pièces, d'artillerie de campagne, et 6 bataillons d'artillerie à pied.

Comptez ces batteries non pas seulement à 120,000 francs, mais à 150,000, même à 200,000 ; vous ne pourrez jamais arriver seulement à 15 millions de dépenses — et il faut trouver l'emploi de 343 millions !

Ce n'est donc pas plus la loi de 1893 que le « modèle 1891 » qui a mangé tous ces millions !

C'est donc qu'on a construit une autre artillerie, à tir rapide ?

Mais de quel type?

On avait parlé du calibre de 6 centimètres, tirant vingt coups à la minute : — les Allemands l'ont essayé en 1892, et l'ont écarté, avec raison.

En réalité : type, calibre, système à tir très rapide (20 coups à la minute, ou davantage; on a même essayé des systèmes de 50 coups à la minute); ou système plus robuste, sans glissière, à bêche, tirant 5 à 6 coups à la minute; tout est ignoré sur ce que les Allemands ont fait.

Ce qui est certain, c'est que l'Empereur assistait à des expériences de recherche en 1893; — donc le nouveau canon n'était pas alors construit, ni même le type arrêté – quoique les crédits fussent votés en grande partie.

Ce qui est certain, c'est que le même Empereur a amené officieusement la fusion des établissements Gruson, de Magdebourg, et des établissements Krupp, d'Essen, afin d'augmenter la puissance de fabrication, en diminuant les frais.

Ce qui est certain, c'est qu'on s'est livré, dans les retraites formidables et inaccessibles de Spandau, à des travaux extraordinaires, dont je trouve une preuve de détail, par hasard, dans les comptes de 1893 : une dépense de 1 million pour y *installer* cent nouveaux ouvriers dans les établissements techniques de l'artillerie.

Quels sont donc ces ouvriers merveilleux, ces virtuoses, qu'on traite si bien ?

Ce qui est certain, c'est que les Allemands ont construit des batteries lourdes attelées, se composant d'obusiers de 15 et même de 21 centimètres de calibre, tirant des obus de 40 kilos (les premiers), de 145 kilos (les seconds), et destinées à jouer un rôle dans la guerre de mouvement, sur les champs de bataille.

Mais tout cela ne tranche pas la question.

On trouve bien l'emploi d'un certain nombre de millions. Il reste toujours au moins 250 millions — sur les 343 — dont la trace est absolument perdue. Ils n'ont pourtant pas été employés à fabriquer du sucre d'orge !

Le problème reste posé, mais il l'est certainement. On contestait, hier encore, qu'il y eût un problème. J'ai rencontré vingt fois ces contradictions : ce n'est pas le général Billot, lui, qui me les opposerait aujourd'hui.

*
* *

Si j'osais énoncer une explication personnelle, je dirais qu'il n'est pas impossible que les Allemands n'aient pas définitivement construit leur nouveau matériel. Peut-être se sont-ils bornés, comme ils l'ont fait souvent, à préparer leurs moyens financiers et techniques de construire.

Matériaux, métaux spéciaux, machines, argent, tout serait prêt, — sauf le dernier détail, — qu'on décidera demain, après-demain ; si bien que, le moment venu, tout serait entrepris, exécuté, sans que personne fût averti, même par un projet de crédit !

Voilà le procédé redoutable. Voilà le système

auquel nous opposons nos bavardages, nos grandioses combinaisons sous-ministérielles et nos intrigues de couloirs.

Peut-être, aussi, ont-ils achevé leur construction et apprendrons-nous, demain, que leur matériel va être livré à l'armée active.

Quoi qu'il en soit, les Allemands ont pris sur nous, au point de vue du matériel de l'artillerie, une avance incontestable.

Ou ils ont construit, — ou ils sont en train de construire, — ou ils sont prêts à commencer à construire, vingt-quatre heures après l'ordre donné. Nous n'en sommes ni là, ni là, ni là.

La Chine n'est pas où l'on croit (1).

(1) Depuis cet article (du 2 janvier 1897), les mesures nécessaires ont été prises en France pour la confection d'une nouvelle artillerie,

LA CRISE ALLEMANDE

I

W. I. R.

Les nouvelles d'Allemagne (14 octobre 1897) nous annoncent que l'opinion publique se préoccupe vivement de la suite que pourra avoir la persistance de l'empereur Guillaume II à vouloir réaliser son projet de construire une flotte de guerre : ce n'est pas d'aujourd'hui que cette préoccupation existe. Je la constatais il y a trois mois, de Berlin à Cologne, de Hambourg à Dresde, chez tous ceux qui voient et pensent. Elle est bien naturelle. Ce qui se prépare en Allemagne peut être, en effet, un des plus grands événements politiques et philosophiques de l'histoire contemporaine : le triomphe décisif du suffrage universel sur l'Empereur (et du socialisme ensuite), — ou le triomphe du principe d'Autorité sur le Suffrage universel.

Tel est le vrai drame qui va se jouer. Le débat sur la marine n'en est que l'occasion.

Occasion importante d'ailleurs, et sur laquelle on ne saurait reprocher à Guillaume II d'avoir cherché l'équivoque. Il suffit de parcourir les corridors et les salles de Commission du Reichstag pour voir les témoignages matériels des efforts que fait l'Empereur afin de convertir les représentants de son peuple par raison démonstrative, avant d'employer d'autres moyens.

Partout les yeux rencontrent ces tableaux dressés de sa main, le soir, tandis que l'Impératrice, non loin de lui, écoute une de ses lectrices, et qui reproduisent fidèlement, navire par navire, toutes les flottes du monde.

Voyez ces deux grandes feuilles : l'une couverte de 73 bateaux cuirassés et de 39 croiseurs de 1re classe, chacun avec son nom, son tonnage, ses cheminées et ses mâts à leur place, ses grosses pièces, ses canons de tourelle, ses particularités d'armement pour le combat ou pour la défense, ses parties cuirassées teintes en bleu, ses dimensions proportionnelles exactement établies à l'échelle; ici, par exemple, le formidable cuirassé *Jupiter*, de 15,150 tonneaux; là, le croiseur le *Terrible*, de 14,440 tonneaux, avec ses quatre cheminées, qui semble prêt à dévorer l'étendue ; l'autre feuille, reproduisant de même, rangés comme pour la bataille, 114 croiseurs de 2e et de 3e classe, et au-dessus de la première feuille, cette simple mention en grandes lettres fermes, raides, impérieuses, légèrement penchées en arrière comme des soldats prussiens marchant à la parade : *Eine Flotte 1ten Ranges* — (*Une flotte de 1er rang*). — Vous avez reconnu la flotte anglaise. L'impérial dessinateur n'a pas ajouté d'autre commentaire.

Voyez, parmi tant d'autres, cette feuille plus petite, partagée en deux parties au-dessous de cette inscription de tête : *Einst und Jetzt*. — (*Autrefois et Aujourd'hui*). A gauche : 1886, et 27 bateaux dessinés; à droite, 1896, et 14 bateaux. Ce sont les croiseurs de la flotte allemande comparés tels qu'ils étaient en 1886 et tels qu'ils sont actuellement. Un longue explication, écrite en entier de la main de Guillaume II, comme tout le reste, met en lumière la décadence de cette catégorie de navires : « ... Par conséquent, toute la flotte de croiseurs de 1886 a disparu peu à peu de la liste pour le service étranger, sans avoir aucunement été remplacée... » Et plus loin : « ... Si donc de nouveaux bâtiments, en nombre plus grand, ne sont pas rapidement mis en chantier, l'époque n'est pas lointaine où étant donnés les progrès toujours croissants de la marine moderne, nos quelques croiseurs seront hors de service avant que les bâtiments de réserve soient terminés; et l'empire allemand se verra forcé, au lieu de le faire annuellement, de donner en une fois et tout d'un coup une somme énorme pour établir sa flotte de croiseurs... »

Au bas de cette note, comme au bas de chaque feuille, cette signature en initiales majuscules : W. I. R. et la date : 1897.

W. I. R. Regardez bien ces trois lettres. Toute la politique, toute la psychologie du souverain qui les a tracées s'y révèlent. C'est le saint-empire romain germanique qu'elles symbolisent. C'est le successeur et l'héritier de Charlemagne, d'Othon le Grand, d'Henri le Noir, de Frédéric Barberousse qu'elles proclament : *Wilhelm Imperator Rex.*

Ne parlez pas de la Constitution du 16 avril 1871 ni de la Constitution du 31 janvier 1850. Il ne s'agit pas ici d'un monarque fainéant, d'un roi captif dans les bandelettes savantes du parlementarisme. Ce prince, qui dessine d'une plume si habile; qui remue les statistiques et les chiffres comme un professeur d'université; qui argumente comme un docteur *in utroque jure;* qui met au service de ses idées, de ses projets, tant d'érudition moderne, tant d'arts et tant d'art; qui veut bien s'efforcer de vaincre par la persuasion et qui sait triompher par l'éloquence : il est le continuateur de ces moitiés de Dieu qui portaient dans leurs mains le globe de l'univers et qui décrétaient leurs droits suprêmes même en tête de la *Bulle d'or :* « Nous déclarons et ordonnons par le présent édit, qui durera éternellement, de notre certaine science, pleine puissance et autorité impériale » : *Wilhelm Imperator Rex.* Il veut faire enfin une réalité de ce qui, si souvent et si longtemps, ne fut qu'une brillante apparence.

Il ne le dissimula jamais. En 1893, lorsqu'il envoya son chancelier exposer devant la Commission du budget du Reichstag les motifs pour lesquels il voulait modifier l'organisation militaire de l'empire et la rendre ce qu'elle est devenue par la loi redoutable du 3 août 1893, il le fit déclarer nettement en son nom, et les procès-verbaux de la Commission en gardent témoignage : le seul représentant des intérêts permanents de l'empire, c'est l'Empereur !

Lui-même, de sa propre bouche, ne le rappelait-il pas, hier encore, en paroles retentissantes, dans son toast de Coblentz? Car qu'il parle comme roi de Prusse, ou comme Empereur allemand : peu importe.

Le pouvoir; le sceptre et la couronne; la mission de diriger les destinées des peuples, de commander par la sagesse et la raison, mais aussi par l'épée, tout cela lui vient directement de Dieu, sans passer par la Charte. Il est le dépositaire du droit divin; le Verbe et le Glaive; il a reçu des siècles lointains et doit aux siècles futurs, tout entier, l'héritage sacré, qui n'est point formé d'hier, qui n'est point une œuvre nouvelle, passagère et contingente, mais qui se rattache aux plus antiques traditions et se pare de l'auguste majesté du temps et de l'histoire. *Wilhelm Imperator Rex* — et non point simplement *Wilhelm Kaiser Kœnig*. Sachons reconnaître la différence et le pouvoir des mots et des langues!

Gardez-vous de croire qu'il soit seul à penser ainsi, en Allemagne; mais tous, non plus, ne pensent pas ainsi.

On le vit bien, au Reichstag précédent, lorsqu'il fallut le dissoudre après le 24 avril 1893, pour avoir rejeté, malgré les instances de l'Empereur, le projet de loi militaire. On l'a bien vu, de nouveau, à diverses reprises, dans le Reichstag actuel, dont les pouvoirs vont expirer à peu près en même temps que ceux de la Chambre des députés de la République française, ce qui procurera aux deux pays les douceurs simultanées d'une période électorale. Dans la question de la loi sur les associations, dans celle même des crédits pour la marine, la majorité de cette assemblée s'est opposée résolument aux intentions, aux volontés de l'Empereur. Le langage tenu par certains orateurs ne s'est arrêté dans ses audaces qu'aux frontières de la loi sur le crime de lèse-majesté. Il faudra presque un miracle pour qu'une nouvelle proposition relative à ces croiseurs, si nécessaires pour Guillaume II, si superflus pour M. Richter et ses amis ou ses alliés des divers groupes de l'opposition, rencontre meilleur accueil.

Considérez un instant la composition du Reichstag et la répartition des 397 députés qui le composent. En apparence, il se divise en onze groupes différents :

1° Les *Conservateurs allemands*, parti des nobles, des *agrariens*, où le comte Kanitz joue le principal rôle ; c'est l'extrême droite, quelquefois plus royaliste que le Roi ; ils sont 68.

2° Le *Parti de l'empire*. Ce nom seul me dispense... 27 membres.

3° Le *Parti réformiste ;* très gouvernemental en général, malgré son titre : 10 membres.

4° Les *Nationaux-Libéraux*, parti le plus éclairé, comprenant beaucoup d'industriels, de professeurs, de ces hommes à la fois gouvernementaux par amour de l'ordre, et capables d'opposition à un moment donné, par amour de la liberté, par sentiment de leur valeur personnelle. La *Gazette de Cologne*, la *Gazette nationale* de Berlin, représentent assez bien ce parti, dans la presse : — 52 membres.

5° Le *Centre*. C'est le parti catholique, dont les allures changent singulièrement depuis la mort de celui qui fut longtemps son illustre chef, M. Windthorst. La moitié de ses membres environ sont des curés, dont la douceur et l'humilité évangéliques font quelquefois place à l'esprit d'audace et de bataille. De jour en jour plus militants, plus entreprenants, moins soumis, dit-on, même, aux inspirations soufflant du Vatican; paraissant se tourner avec quelque complaisance du côté des socialistes, plutôt que du côté de leurs évêques; se réunissant, au Reichstag, dans une vaste salle du rez-de-chaussée, construite pour eux seuls, plus semblable à une chapelle qu'à une salle de profane palais législatif; — un gros bataillon : 99 membres!

6° Les *Polonais*. Grands propriétaires; grands seigneurs; catholiques; capables de « transigeance » : 19 membres.

7° L'*Union libérale*. Là siège M. Richter, le plus disert, le plus habile, le plus souple, le plus fécond en ressources de tous les « parlementaires » allemands. Il fait penser à M. Jules Simon. Pourtant, de quels effroyables coups je le vis un jour, en 1886, malgré son art et son agilité, accablé par Bismarck! Groupe peu nombreux; mais M. Richter vaut une armée, surtout depuis qu'Achille est enfermé sous sa tente : 13 membres.

8° Le Parti *libéral populaire allemand*, teinté de radicalisme, de socialisme, plus peut-être que de vrai libéralisme, représenté par la *Gazette de Francfort* : 22 membres.

9° Le Parti *populaire de l'Allemagne du Sud*. Surtout des Wurtembergeois : 11 membres.

10° Les *Socialistes-Démocrates*. Vous les connaissez. Ces socialistes ne comptent point d'agent de change parmi eux, mais cinq fabricants ou marchands en gros de cigares, ce qui vaut bien une place à la Corbeille ! — 43 membres.

11° Enfin, ne faisant parti d'aucun groupe ; appelés, en cette qualité, les *Sauvages*, et parmi lesquels il faut compter 8 Alsaciens-Lorrains : — 32 membres.

Tel est le dénombrement de l'armée parlementaire. En réalité, on pourrait la diviser en trois corps seulement : les *Gouvernementaux* : une centaine ; les *Opposants* ou capables d'opposition : environ 200; les *Variables*, comprenant le reste.

Dans le vote du 18 mai dernier, sur la loi des associations, l'opposition réunit 207 voix contre 53 fidèles seulement. Les autres ne poussèrent pas le dévouement plus loin que l'abstention. Et pourtant ce projet parut tellement outrageant au Bundesrath qu'il le « jeta sous la table ».

Remarquez que nous n'avons pas, nous Français, dans un examen de ce genre, à apprécier, mais uniquement à « déterminer », si nous voulons voir clair et prévoir.

L'épreuve nouvelle que va tenter, paraît-il, Guillaume II devant le Reichstag actuel risque donc fort de subir le même sort que la première. Quelque clairs, ingénieux, quelque probants, quelque décisifs que puissent être les tableaux si soigneusement préparés par le puissant démonstrateur; quelques raisons qu'il puisse faire valoir dans l'intérêt supérieur de la patrie allemande, telle qu'il la considère dans son rôle parmi les nations, tout cela se brisera peut-être contre une force inconnue de ses glorieux prédécesseurs du saint-empire romain germanique.

La question serait alors portée devant les douze à treize millions d'électeurs qui constituent le peuple allemand impérial, si différent des peuples formant, chacun chez soi, les royaumes et les duchés de l'empire.

Certes, bien téméraire celui qui ose prédire les mouvements de cet Océan formidable qui s'appelle le Suffrage universel. Déjà, devant les électeurs relativement si rares des comices romains, Cicéron écrivait le dernier mot de la sagesse humaine sur les incertitudes et les surprises de l'oracle électoral. C'est bien autre chose, aujourd'hui, avec les masses innombrables et impénétrables du suffrage universel. Cependant, tout donne à présumer que les décisions populaires s'accorderaient avec celles du Reichstag expiré, et que la Chambre allemande issue des élections prochaines de 1898 arriverait à Berlin dans les mêmes dispositions que celle qui l'aurait précédée.

D'un côté, se trouverait donc une assemblée se réclamant de la volonté du peuple, des mœurs germaniques les plus anciennes, du droit public le plus constant, de la Constitution solennelle de 1871 ; de l'autre, un monarque pénétré de ses droits, de ses devoirs envers son peuple, invoquant, au nom de Dieu, sa propre souveraineté, le salut de l'empire et de la patrie allemande : *Wilehlm Imperator Rex !*

Est-il permis à la raison de chercher quels événements se dérouleraient alors? N'est-il même pas sage de l'essayer?

II

LE SUFFRAGE UNIVERSEL

Ce n'est pas un mince adversaire que l'empereur Guillaume II va rencontrer devant lui : c'est le Suffrage universel, — cette nouvelle force de la Nature, créée pourtant par l'homme.

Mais comment le Suffrage universel existe-t-il en Allemagne? Par quelle surprenante antinomie, dans ce pays qui se glorifie de sa suprématie philosophique, de sa méthode, de sa science, l'assemblée représentative de l'Empire — le *Reichstag* — est-elle élue par le suffrage universel direct, alors qu'il n'existe dans aucun des vingt-six Etats confédérés formant l'Empire, et que toutes les assemblées législatives, toutes les Chambres de députés, de la Prusse, de la Bavière, de la Saxe, etc., sont élues au suffrage restreint, indirect, censitaire? bien mieux, alors que certains Etats, comme le grand-duché de Mecklembourg-Schwerin, le grand-duché de Mecklembourg-Strélitz ne sont même pas soumis au régime parlementaire et sont encore régis par des institutions féodales du seizième siècle?

Par quel paradoxal prodige tel maçon de Rostock, tel portefaix de Wismar, qui sont pour ainsi dire taillables et corvéables à merci sans même pouvoir dire « ouf ! », se trouvent-ils investis du droit de diriger, pour leur part, les destinées suprêmes de l'empire allemand ?

S'ils ne peuvent pas le moins, comment peuvent-ils le plus? et puisqu'ils peuvent le plus, comment ne peuvent-ils pas le moins?

Et il en est de même, ou à peu près, en Prusse où fleurit un régime électoral copié sur la Constitution de Servius Tullius, en Bavière, en Saxe, etc.

Une si éclatante contradiction peut-elle longtemps durer?

Eh bien ! c'est à Bismarck lui-même, s'il vous plaît, que les affranchis impériaux doivent un tel honneur ; à Bismarck l'autoritaire, l'absolutiste par excellence ; à Bismarck, le « conservateur antédiluvien », comme l'appelait jadis le baron de Vincke.

Pourquoi le terrible prince institua le suffrage universel, après l'avoir combattu ; comment, après avoir paru servir à ses desseins, l'arme qu'il a forgée se retourne aujourd'hui contre son œuvre : ce n'est pas le moins curieux chapitre de l'histoire du rétablissement de l'Empire, ni le moins nécessaire à rappeler pour bien comprendre les événements qui se préparent dans les profondeurs de la « force des choses ».

*
* *

La première fois que M. de Bismarck mit en avant l'idée du suffrage universel, ce fut au début de l'année 1866, pendant les difficultés du conflit entre la Prusse et l'Autriche sur le règlement austro-danois. Il s'agissait d'affaiblir l'influence de l'Autriche dans la Diète de Francfort et de faire prédominer celle de la Prusse, à qui une organisation électorale nouvelle, ayant pour base le suffrage universel, devait dans la pensée de M. de Bismarck, vu les courants de l'opinion populaire, assurer l'hégémonie de la Confédération — en attendant l'Empire. Aussi, le 9 avril, la Prusse adressa-t-elle à la Diète une proposition formelle de réforme fédérale en lui soumettant la résolution suivante :

« Veuille la Diète décider de convoquer à date fixe et prochaine une assemblée issue d'élections directes, par le suffrage universel, de toute la nation, pour lui présenter et soumettre à ses discussions les projets des gouvernements allemands relatifs à une réforme de la Constitution fédérale... »

On sait comment la délibération fut poursuivie et tranchée sur les champs de bataille de Sadowa et par le traité de Nikolsbourg, retranchant purement et simplement l'Autriche de la Confédération, moyen le plus sûr de « diminuer » son influence. Il restait à organiser le nouveau groupement, la Confédération de l'Allemagne du Nord, en remplacement de la Confédération germanique, en adoptant les moyens les plus sûrs pour attribuer l'autorité dominante à la Prusse, arrivée à compter 29 millions d'habitants. Plus que jamais, M. de Bismarck persévéra dans son projet de s'appuyer sur le suffrage universel. Quel instrument plus puissant pouvait-il trouver, pensait-il, pour briser les résistances individuelles des Etats confédérés à ses intentions ultérieures; pour annihiler toute opposition sérieuse de l'esprit particulariste, du libéralisme, des catholiques, de ces « Guelfes » incorrigibles, de tous ces partis enfin contre lesquels, depuis quatre ans, il avait dû dépenser tant d'efforts, d'énergie, de ressources ingénieuses ou de violence?

Aussi, dès que les Chambres prussiennes sont réunies pour délibérer sur la loi à adopter pour l'élection du nouveau Parlement de la nouvelle

Confédération, s'empresse-t-il de proposer, comme dans la note du 9 avril, le suffrage universel direct. Tout Allemand âgé de vingt-cinq ans au moins, ayant au moins trois ans d'indigénat, est électeur ; tout électeur est éligible ; et il y aura un député par 100,000 âmes de population. Chacun des Etats confédérés devra prendre les mêmes bases pour sa loi électorale. Tel est le projet prussien. Tel est l'ordre donné comme il convient, avec l'irrésistible prestige de la victoire, à tous les gouvernements de l'Allemagne du Nord.

La discussion commença, au Landtag, le 11 septembre 1866 ; Groote, le célèbre professeur Virchow qui se targuait si fort de libéralisme et qui nous traita comme on sait après 1870, d'autres encore parlèrent *contre*. Le rapporteur de la Commission, le député Twesten, le même libéral ardent contre lequel M. de Bismarck avait dû demander des poursuites, s'était même exprimé en ces termes au sujet du suffrage universel :

« Je crains que le suffrage universel direct ne contribue à ruiner le parlementarisme, et qu'avec lui ce ne soient le dilettantisme et le charlatanisme en politique qui l'emportent. »

M. de Bismarck se borna à répondre, le lendemain, que la loi électorale présentée par lui avait été adoptée, d'accord avec les gouvernements confédérés d'après « *la loi électorale de l'Empire du 12 avril 1849* », votée par le Parlement de Francfort, se rattachant ainsi aux souvenirs démocratiques et populaires que réveillait dans toute l'Allemagne le nom seul de l'assemblée de Saint-Paul. Il était sûr de sa majorité. La loi fut adoptée telle qu'elle avait été présentée.

C'est l'année suivante seulement, le 28 mars 1867, devant le Reichstag lui-même, qu'il intervint plus amplement sur l'article 21 de la Constitution, relatif aux élections.

Dans cette Chambre, comme auparavant au *Landtag*, ce n'étaient pas seulement les conservateurs qui regardaient avec défiance le suffrage universel; ils se résignaient d'ailleurs à suivre M. de Bismarck. Qui pouvait redouter ce que proposait l'ennemi si déclaré du libéralisme, de toutes les chimères démocratiques, l'intransigeant féodal qui avait naguère déclaré, en 1847, que toutes les grandes villes devraient être balayées de la terre parce qu'elles sont des centres de démocratie et de constitutionnalisme?

Les plus opposants étaient surtout les libéraux. C'était la *Gauche* qui voyait du plus mauvais œil le suffrage universel, le considérant comme un instrument d'oppression, de césarisme, invoquant à l'appui de ses craintes et de ses répulsions l'exemple alors donné par la France; et c'est à ce parti que M. de Bismarck voulait s'adresser. Mais ici, écoutez-le lui-même :

« Le suffrage universel, dit-il, est pour nous, en quelque sorte, un héritage que nous recueillons du développement des tendances unitaires allemandes; nous l'avons eu déjà dans la Constitution fédérale essayée à Francfort en 1848; nous avons opposé en 1863 ce même principe aux tendances autrichiennes, à Francfort, et, quant à moi, je ne puis dire qu'une chose : c'est que je ne connais pas de meilleure loi électorale. Sans doute cette loi a, aussi, un grand nombre de défauts... et les gouvernements confédérés ne sont pas si attachés à ce système électoral qu'ils refusassent d'en accepter un autre dont la supériorité leur serait démontrée. Mais, jusqu'à présent, aucun autre mode d'élection n'a été opposé à celui-ci. Dans le cours des débats, je n'ai pas même entendu faire incidemment l'éloge d'une autre loi électorale.

» Je veux par là montrer seulement que les gouvernements confédérés, qui forment pour ainsi dire une cime républicaine, comme l'exprime ce terme même « gouvernements confédérés », ne sauraient aucunement avoir eu l'idée d'un complot profondément ourdi contre les libertés de la bourgeoisie en s'appuyant sur les masses pour établir le césarisme. »

Ce langage l'emporta. Les amendements relatifs soit au deuxième degré, soit à d'autres modifications, furent rejetés, et le suffrage universel direct entra victorieusement, sous les auspices de M. de Bismarck, dans l'histoire de l'Allemagne, pour forger l'épée de l'unité allemande et pour relever la couronne impériale.

Il n'en est pas moins vrai que lorsque les destins furent accomplis, après les catastrophes de 1871, les défiances des conservateurs n'avaient point disparu; les plus autorisés d'entre eux firent auprès de l'empereur Guillaume Ier, après son couronnement, une démarche pressante — ce détail est certain, je le sais — pour obtenir de lui une modification du régime électoral du Reichstag.

L'Empereur se crut obligé de les renvoyer au chancelier. La démarche fut donc renouvelée auprès de M. de Bismarck. Il ne l'accueillit point favorablement. Il ne trouvait pas le métal assez intimement fondu. Il pensait que certains souvenirs, certains regrets, certaines aspirations, avaient encore besoin d'être écrasés sous le formidable marteau-pilon du suffrage universel pour qu'il n'y eût vraiment plus qu'une seule Allemagne, une seule patrie allemande. Il se croyait d'ailleurs maître de l'heure et des événements, jusqu'à son dernier soupir. Le père du suffrage universel allemand sauva son enfant.

Pourtant, les années qui suivirent montrèrent que l'enfant grandissait, prenait des forces et des dents. Le lionceau devenait lion. Le dompteur, plus d'une fois, vit ses volontés méconnues. Un jour même, le bruit courut que l'homme de fer méditait de briser son outil, décidément trop rebelle.

C'était après la dissolution du 14 janvier 1887, amenée par les résistances du Reichstag au septennat militaire; on discutait, au Landtag, sur les droits des gouvernements confédérés cédés à l'Empereur; M. Windthorst, le guelfe infatigable, ce Thiers allemand, (par le genre de talent), se fit l'écho de ce bruit, dans la séance du 24 janvier 1887.

« Le suffrage universel, dit-il, a été institué contre l'avis d'un grand nombre de conservateurs par le Chancelier lui-même, — qui peut-être aujourd'hui se repent de son œuvre; — on est toujours puni par où l'on a péché. — Mais ce mode d'élection est entré dans les mœurs publiques; si l'on voulait toucher à ce que les classes populaires considèrent comme une conquête, il n'y aurait plus de tranquillité à attendre. Ce serait la source de conflits qui tripleraient le danger social. »

Le prince de Bismarck, se levant d'un bloc comme il avait coutume, produisant sur l'assemblée, ainsi que je l'ai vu souvent, par ce seul mouvement de sa gigantesque stature, un extraordinaire effet de force, répliqua aussitôt :

« Je peux commencer par l'assurance que je suis relativement à la loi électorale dans une situation beaucoup plus logique et bienveillante que M. le député. Il a rappelé que, primitivement il n'avait point approuvé cette loi. Je l'ai, moi, primitivement approuvée, je l'ai présentée. Qu'à cet égard je ne me sois pas fait une juste idée de la crédulité d'un grand nombre d'électeurs, de l'énorme masse de mensonge des agitations électorales, ceci ne m'induit pas encore dans l'erreur de croire que j'aie estimé trop haut le peuple allemand...

» ... Je donne à M. le député pleinement et sans détour l'assurance qu'*au sein des gouvernements confédérés* il n'a été aucunement question d'une atteinte à la loi électorale en vigueur... »

Telles sont les dernières paroles, *ultima verba*, que le prince de Bismarck ait eu l'occasion de prononcer sur le suffrage universel. Elles sont à méditer pour qui veut lire entre les lignes. Que dirait-il, que ferait-il aujourd'hui, s'il avait conservé le gouvernail dans sa main ? Que pense-t-il de son œuvre, quand il regarde les conflits qui grossissent, les tempêtes que le noir nuage porte dans ses flancs ?

Ce qui est certain, c'est que le puissant législateur de 1866 n'a point prévu les résultats inévitables de sa révolution électorale. Que le suffrage universel lui ait servi à fonder l'unité allemande et à restaurer l'Empire : soit; mais il n'a pas vu qu'il fondait en même temps un autre empire, qu'en face de l'*Imperator Rex* il fabriquait de ses propres mains un autre souverain aux mille têtes, qui ne souffre pas de partage le jour où il a pris conscience de soi-même, de sa propre force, où ses aspirations se sont éveillées.

On ne fait pas sa part au scepticisme, a dit le philosophe : on la fait encore moins au suffrage universel. Il se la fait lui-même. Et cette part, c'est tout.

Avec tout son génie, M. de Bismarck n'a point vu cela. Et cela se montre, aujourd'hui, à tous les yeux.

La légende, pourtant, le prédisait clairement. L'or du Rhin ne peut avoir deux maîtres. L'anneau sacré ne peut briller qu'à une seule main, donnant à qui le porte la toute-puissance; et quand deux rivaux se le disputent, il faut que l'un tue l'autre.

Siegfried et le dragon de nouveau sont face à face, devant la caverne profonde qui recèle dans ses ténèbres le magique trésor. Lequel sera vainqueur?

III

COUP D'ÉTAT

Certains journaux allemands engageaient récemment l'Empereur à faire un « coup d'Etat », sans s'expliquer sur la méthode; en tout cas, l'opération ainsi dénommée ne serait pas absolument semblable à celles que nous connaissons sous ce nom dans notre propre histoire.

Chasser brutalement à coups de crosse de fusil une Assemblée législative gênante et présenter des grenadiers comme des raisons : c'est le procédé français, espagnol, sud-américain, disons latin pour généraliser. Celui qui l'emploie, ceux qui le subissent, personne n'en demande davantage. Il suffit aux esprits aimant les choses claires et simples. Rrrrran ! Tout le monde comprend.

Le génie allemand est plus exigeant. Il lui faut des thèses, des antithèses, des synthèses, — en dehors de la discipline militaire bien entendu.

Que l'empereur Guillaume II soit amené, à un moment donné, à invoquer l'*ultima ratio regum* envers quelque Reichstag qu'il jugerait usurpateur et compromettant pour la sécurité de la « patrie allemande » : ce n'est donc pas probable. Ce qui est certain, c'est qu'il ne le ferait pas et qu'il ne fera rien sans preuves à l'appui, sans démonstrations savantes de son droit, ou de ce qu'il tient pour son droit, ce qui revient pratiquement au même. Aussi n'est-il pas invraisemblable que, dès maintenant, certains juristes éminents, versés dans la connaissance des textes les plus vénérables, méditent sur l'origine, sur l'étendue des pouvoirs et des obligations de l'Empereur, du Reichstag, des électeurs, de la nation, afin que tout soit prêt à l'heure psychologique, qui ne peut tarder beaucoup à sonner.

Certains propos, certains écrits, même certaines leçons de professeurs de droit réputés ne sont pas sans jeter quelque jour sur la doctrine qui sera mise alors en avant par le gouvernement de l'Empereur, et par l'Empereur lui-même, peu suspect de fuir les responsabilités et de se cacher derrière quelque chancelier.

Certes, les idées agitées à ce sujet chez les Allemands sont pour surprendre singulièrement la plupart des Français; cela prouve que nous n'avons pas le crâne fait de même, comme disait le sage Mardoche, vérité essentielle que nous avons trop coutume d'oublier. Par exemple, personne, parmi nos hommes d'Etat de Paris ou des chefs-lieux de canton, ne songerait à se demander quelle est l'origine de la souveraineté : c'est une idée familière aux habitants d'outre-Rhin. On n'y trouverait pas un écolier hésitant à dire de qui procède la Couronne impériale.

Pour nous, Napoléon Ier tenait l'empire du peuple — du peuple souverain, — dont la souveraineté avait été proclamée par la Constitution de 1791, (« La souveraineté appartient à la Nation... Le pouvoir exécutif est *délégué* au Roi... »), et à qui la Constitution de 1804, établissant l'empire, avait été soumise. C'est le plébiscite du 6 novembre qui avait fait l'empire français, et l'Empereur s'intitulait : « Empereur des Français par la grâce de Dieu *et par les Constitutions de la République* ».

De même, notre second empire avait été établi par la Nation, par le suffrage universel. La Constitution du 7 novembre 1852, instituant l'empire, confirmait celle du 14 janvier précédent, qui proclamait de nouveau et garantissait les principes de 1789 promulgués dans le préambule de la Constitution de 1791, c'est-à-dire la souveraineté de la nation et les droits de l'homme; et c'est le plébiscite du 21 novembre qui seul lui avait donné « force et vigueur » par 7,839,552 voix contre 254,581. Aussi, Napoléon III s'intitulait-il : « Empereur par la grâce de Dieu *et la volonté nationale.* »

Rien de pareil en Allemagne.

Lorsque l'Assemblée de Francfort vota le rétablissement de l'empire, en 1849, et que la délégation conduite par son président, M. Simson, vint à Berlin le 2 avril, déposer aux pieds de Frédéric-Guillaume IV la couronne impériale, au nom du Parlement, le grand-oncle de Guillaume II répondit qu'il ne pouvait l'accepter que du concours libre « des têtes couronnées, des princes et des villes libres de l'Allemagne », refusant ainsi de reconnaître la souveraineté nationale, comme il le déclara formellement ensuite dans sa proclamation au Peuple :

« Je n'ai pas pu répondre d'une manière affirmative à l'offre d'une couronne impériale de la part de l'Assemblée nationale allemande. *Cette assemblée n'avait pas le droit* de me donner cette couronne sans l'assentiment des *gouvernements allemands...* »

De même, Guillaume Ier, recevant à Versailles, le 20 décembre 1870, les trente délégués du Parlement de l'Allemagne du Nord, leur répondait :

« ... Je ne reconnaîtrai l'*appel de la Providence*, que je pourrai suivre en me confiant à la bénédiction divine, que dans la *voix unanime des princes allemands* et des villes libres... »

Et dans sa proclamation du 18 janvier 1871, dont il faut peser tous les mots :

« Au peuple allemand,

» Nous Guillaume, par la grâce de Dieu Roi de Prusse :

» Sur *l'appel unanime* qui Nous est adressé par les *Princes* et les villes libres d'Allemagne, pour qu'au moment où est créé le nouvel Etat allemand, Nous restaurions et *prenions Nous-même* la dignité impériale allemande... »

» Faisons savoir ici que Nous avons considéré comme un devoir envers la patrie tout entière de répondre à cet *appel des Princes* et des villes libres d'Allemagne nos confédérés et de *prendre* la dignité impériale allemande... »

La Constitution de l'Empire, promulguée le 16 avril 1871, n'est pas moins significative. Le préambule n'est pas équivoque ! « S. M. le roi de Prusse, au nom de la Confédération de l'Allemagne du Nord ; S. M. le roi de Bavière, S. M. le roi de Wurtemberg, S. A. R. le grand-duc de Bade et son A. R. le grand-duc de la Hesse rhénane, pour la partie du grand-duché de Hesse située au sud du Mein, *ont contracté* une confédération perpétuelle pour la protection du territoire fédéral et du droit qui y est en vigueur, comme aussi pour assurer la prospérité du peuple allemand. Cette confédération prendra le nom d'Empire allemand et sera régie par la Constitution suivante. »

Après quoi, viennent les 78 articles de la Constitution, parmi lesquels l'article 11, déclarant que la présidence de la Confédération *appartient* au roi de Prusse qui porte le titre d' « Empereur allemand ». Mais vous y chercheriez vainement trace de la « Souveraineté nationale », de la « Volonté nationale », même de la « Nation ». Ce sont là des concepts et des mots aussi étrangers à la philosophie qu'au vocabulaire politique des Allemands.

Sans doute, cette Constitution fit l'objet de délibérations et de votes au Reichstag de la Confédération de l'Allemagne du Nord, aux Chambres prussiennes, bavaroises, etc. Elle n'en reste pas moins placée sous l'unique patronage de la déclaration des *princes*, sous l'unique autorité de leur « contrat perpétuel ».

Dans son discours d'ouverture de la session du premier Reichstag de l'empire, le 21 mars 1871, l'empereur Guillaume Ier s'expliqua d'ailleurs catégoriquement sur la mission confiée à cette assemblée relativement à la Constitution : il s'agissait purement et simplement, pour le Reichstag, de donner aux dispositions constitutionnelles résultant des conventions contractées entre les gouvernements confédérés pour l'établissement de l'empire une « nouvelle rédaction », une coordination régulière et une expression justement mesurée ». C'est ainsi que Frédéric II donnait à Voltaire son linge sale à laver.

En votant la Constitution de l'empire — qui n'est d'ailleurs pas autre chose que la Constitution de 1867 mise au point, — le Reichstag a donc fait œuvre littéraire, peut-être, mais non point, à coup sûr, œuvre de pouvoir constituant unique et souverain, comme firent nos Assemblées nationales de 1789, de 1848, de 1871.

L'empire allemand procède donc essentiellement des « gouvernements » confédérés, c'est-à-dire des têtes couronnées et des princes, et non point des « sujets » de ces gouvernements, ni des représentants élus par l'ensemble de ces sujets et formant le Reichstag.

Telle est, aux yeux des « docteurs » allemands, la profonde différence entre l'empire allemand et les deux anciens empires français ; entre la Constitution allemande et les anciennes Constitutions françaises, et, par conséquent, entre le suffrage universel allemand et le suffrage universel français.

Un des professeurs faisant le plus autorité, M. Laband, écrit même dans son ouvrage sur le *Droit constitutionnel de l'empire allemand :*

« Il n'y a pas dans l'Etat de volonté supérieure à celle du souverain et c'est de cette volonté que la Constitution et les lois tirent également leur force obligatoire. La Constitution n'est pas une force mystique qui plane au-dessus de l'Etat; mais, comme toute autre loi, c'est un acte de sa volonté soumis, par suite, aux conséquences des changements de celle-ci. »

*
* *

Ne vous imaginez point que tout cela soit jeu d'esprit. On ne plaisante pas dans les Universités allemandes. Ces principes ne sont pas non plus de pures spéculations métaphysiques, sans application matérielle; ils sont destinés, au contraire, à engendrer, au moment voulu, leurs conséquences logiques, suivant les plus rigoureuses méthodes du syllogisme, du sorite ou de l'épichérème.

On le vit bien naguère. On le reverra quand il faudra. Lorsque la Chambre prussienne refusa au roi Guillaume Ier, en 1862, les crédits qu'il réclamait comme nécessaires pour l'armée — ainsi que le Reichstag refusa hier et se prépare à refuser demain, en attendant que le futur Reichstag refuse, à son tour, les crédits réclamés par Guillaume II comme nécessaires pour la marine, — que fit le Roi?

Vous le savez : il ne se fâcha point; il n'envoya point les députés siéger à l'Orangerie de Saint-

Cloud. Après la dissolution du 6 mars, la nouvelle Chambre ayant persisté dans les refus de la précédente, il se contenta de confier le pouvoir à M. de Bismarck, gentilhomme fort lettré, remarquablement instruit *in utroque jure*, qui se rendit très parlementairement, le 30 septembre, devant l'invincible Commission du budget et argumenta ainsi, comme un triple robin, contre le rapporteur, M. de Forkenbeck :

« Une Constitution n'est pas quelque chose de mort; elle se vivifie par la pratique. Vouloir brusquer, précipiter cette pratique, n'est pas prudent; alors, la *question de droit* deviendra bientôt une *question de pouvoir*. Dans le conflit actuel, il s'agit des limites entre le pouvoir de l'Etat et celui de la représentation du pays. La *Couronne a encore d'autres droits qui lui sont conférés par la Constitution*. Ce qui n'est pas attribué par la Constitution aux autres pouvoirs législatifs *reste un droit de la Couronne*.

» L'accord des trois pouvoirs législatifs pour l'établissement du budget étant exigé par la Constitution, si l'un de ces pouvoirs refuse son consentement, alors il y a *tabula rasa*, et il résulte de là un *droit de nécessité* pour le gouvernement de continuer à administrer sans budget. »

Voilà bien la thèse, la vraie *thèse*, qui ne serait point déplacée devant un jury d'examinateurs chargé d'attribuer le diplôme de docteur en droit, et qui fut plusieurs fois reprise par son auteur devant la Chambre elle-même, notamment le 27 janvier 1863, où il développa toute une série d'arguments qu'on dirait préparés exprès en vue du conflit prochain entre l'empereur Guillaume II et le Reichstag, avec cette seule différence qu'il s'agit aujourd'hui de la marine.

En refusant les crédits demandés par le gouvernement, disait aux députés le Chancelier, vous désarmez la Prusse ; vous prenez une décision de nature à « suspendre la vie de l'Etat. » Or, la vie constitutionnelle n'est toujours qu'une suite de compromis. Si l'un des pouvoirs s'obstine à vouloir imposer sa propre opinion avec un absolutisme doctrinaire, la série des compromis est interrompue et à leur place surgissent les conflits. Et, comme « la vie de l'Etat ne peut s'arrêter, les conflits deviennent des questions de pouvoir; *celui qui a le pouvoir en main continue de marcher en son propre sens,* parce que, je le répète, la vie de l'Etat ne peut s'arrêter un seul instant... »

Telle est la fameuse phrase qui est restée connue sous la forme : « La force prime le droit », et dont l'application se poursuivit jusqu'après la guerre contre l'Autriche et la victoire de Sadowa qui mirent fin à toute opposition. On ne résiste pas à de tels arguments.

Ainsi, c'est en invoquant le droit, le texte et l'esprit de la Constitution prussienne de 1850 que le roi Guillaume Ier gouverna le royaume, l'armée et les finances, malgré et contre la Chambre, de 1862 à 1866. Les conseillers actuels de la Couronne trouveront, n'en doutez pas, dans la Constitution impériale de 1871, des raisons *a fortiori* pour démontrer qu'elle n'a pas restreint, dans les mains de l'Empereur, les pouvoirs du Roi.

On sait que c'est l'opinion énergique de Guillaume II — *W. I. R.* — héritier fidèle de l'opinion de Guillaume Ier, si nettement exprimée dans son *rescrit* royal du 4 janvier 1882. Ce n'est pas le Parlement qui gouverne, c'est le Roi en Prusse, et c'est l'Empereur dans l'empire. Les actes des ministres, ceux du chancelier de l'empire au premier rang, sont les actes de l'Empereur. C'est lui, personnellement, qui gouverne, et il faut bien se garder de comparer la Constitution et le régime allemands à la Constitution et au régime du Royaume-Uni. Voilà ce que les commentaires donnés par le chancelier devant le Reichstag mettent en lumière avec une implacable évidence.

Ainsi : l'Empereur ne tient sa couronne que de la Providence et de « l'appel » des princes; lui seul « gouverne » l'empire; la Constitution procède de la volonté des « gouvernements » confédérés, et ils peuvent par conséquent modifier, dans de certaines conditions, tel ou tel détail de ce qu'ils ont consenti, — y compris le suffrage universel; — les principes supérieurs, la doctrine philosophique, politique, juridique, en vertu desquels le Roi « gouverna » la Prusse, de 1862 à 1866, subsistent dans toute leur force pour le gouvernement de l'empire, et l'Empereur allemand n'a subi aucune diminution dans « l'étendue de ce qui est permis à un prince, » pour employer l'expression de Suétone. — Tel est l'évangile. Il choque rudement, certes, notre «foi» républicaine et démocratique; mais il est, tel qu'il est, celui qui règne de l'autre côté du Rhin, — fleuve plus large qu'on ne pense.

Vous pouvez aisément, par tout cela, supposer le sens des conseils donnés à l'Empereur et la marche des événements futurs (1).

(1) Ceci était écrit le 10 novembre 1897. Depuis, le «miracle» s'est produit. L'empereur Guillaume II a vaincu parlementairement. Tout arrive. Le fond de mes observations n'en subsiste pas moins. On le verra quelque jour.

LE BUDGET DE LA GUERRE

EN

FRANCE ET EN ALLEMAGNE

Le budget de la guerre va venir en discussion devant la Chambre (16 décembre 1897), et l'on entendra certainement à cette occasion les dissertations habituelles sur l'exagération de nos dépenses militaires, « supérieures à celles de tout autre pays, même de l'Allemagne ».

Que nos dépenses militaires soient élevées : ce n'est pas douteux ; qu'elles soient exagérées, étant donné le but à atteindre : c'est une autre affaire ; qu'elles dépassent celles de l'Allemagne : rien n'est plus faux.

Un rapide coup d'œil sur les budgets de la guerre de la France et de l'Allemagne nous montrera combien la réalité est contraire à la croyance si généralement répandue et que les

différences des systèmes de comptabilité publique employés dans les deux pays contribuent à fortifier, au préjudice de la vérité. Le système d'écriture budgétaire de la France présente, en effet, une dépense nette notablement *supérieure* à celle qui est réellement consacrée à notre armée, tandis que le système d'écriture budgétaire de l'empire allemand fait apparaître une dépense un peu *inférieure* à celle qui est réellement effectuée et transformée en force de guerre.

Contentez-vous de lire les chiffres officiellement écrits dans les lois de finances; vous verrez que le projet de budget de la guerre de France, proposé pour 1898, va s'élever à 626 millions au total (j'arrondis les chiffres), dont 601 millions et demi pour le budget ordinaire, et 24 millions et demi pour les dépenses extraordinaires, — et que le projet de budget de la guerre de l'empire allemand pour 1897-1898 s'élevait au total de 683 millions et demi, dont 665 millions et demi à l'ordinaire et 18 millions à l'extraordinaire.

Voilà d'abord un premier démenti à la légende. Le seul rapprochement de ces chiffres prouve, en effet, que l'Allemagne dépense plus que nous pour son armée, puisque 683 est supérieur à 626 et que 665 est supérieur à 601. C'est une différence *en plus*, en Allemagne, de 57 millions sur les dépenses totales de la guerre, et de 64 millions sur les dépenses ordinaires.

Mais cela n'est qu'une apparence. En allant au fond des choses, en ouvrant les tableaux budgétaires, en analysant les faits matériels, au lieu de s'arrêter à l'étiquette, vous allez voir que la réalité est de beaucoup supérieure à cette première constatation.

D'abord, le budget de la guerre français comprend des services qui ne figurent pas dans le budget de la guerre allemand, exclusivement consacré à l'armée combattante : la gendarmerie, par exemple. Or, la gendarmerie compte dans notre budget pour une dépense totale d'environ 46 millions (hommes et chevaux), imputés sur les 601 millions de notre budget ordinaire, tandis que les 665 millions du budget ordinaire allemand sont entièrement appliqués à l'armée proprement dite.

De même, les chapitres 51, 52, 53, 54, 54 *bis* de notre budget, relatifs aux Invalides, à la solde de non-activité, à la solde et aux gratifications de réforme, aux secours, absorbent une somme totale de près de 7 millions, très légitimement employée, certes ! mais nullement transformée en force vive, en puissance immédiate de combat. En Allemagne, d'après le principe supérieur que j'ai indiqué et qui veut que toutes les dépenses inscrites au budget de la guerre correspondent rigoureusement à des services de *guerre*, à des « forces de guerre », ce genre de dépenses pour secours de diverses natures est exclu du budgét de la guerre et inscrit dans le budget spécial des pensions.

Voilà déjà une nouvelle différence de 53 millions (46 + 7) entre le budget allemand et le budget français, au bénéfice du premier et au détriment du second. Ce n'est pas tout.

Nous inscrivons dans nos dépenses la solde totale des officiers ; mais, d'un autre côté, M. Cochery leur prend 5 pour 100 sur cette solde, en vue du service des pensions militaires, et il porte en *recettes*, dans un chapitre du budget des recettes, le produit de cette retenue, lequel est inscrit dans le budget de 1898 pour une somme de 5,300,000 francs, en ce qui concerne les officiers de l'armée de terre. En Allemagne, rien de semblable. La solde inscrite est intégralement payée, sans contre-partie nulle part ; on y pense que « donner et retenir ne vaut », et nous sommes bien obligés de reconnaître que les traitements qu'on y donne aux officiers sont plus élevés que ceux qu'on donne en France. La solde des officiers allemands vient même d'être majorée d'une manière sensible, par ordre du cabinet de l'Empereur du 7 juillet dernier, notamment, pour les officiers supérieurs, les capitaines, les lieutenants et les médecins de l'armée, qui se trouvent, surtout en combinant leur solde proprement dite avec les divers suppléments (indemnités de logement, indemnités de table et d'habillement, frais de service, indemnités de remonte, etc.), dans une position matériellement bien meilleure que celle des officiers français de grade correspondant.

Il faut faire des observations analogues sur d'autres dépenses de notre budget relatives aux fonds secrets ; à l'Ecole polytechnique ; aux frais d'occupation de l'Algérie et de la Tunisie ne concernant en rien l'entretien des troupes, mais uniquement l'occupation matérielle, les dépenses des affaires indigènes, les frais de traversée et de transport de matériel, etc., etc. En définitive, ces divers articles représentent encore une somme totale d'environ 9 millions à retrancher de notre budget, pour le comparer utilement au budget allemand. Ces 9 millions et les 5 millions de la retenue de 5 pour 100 font 14 millions, à joindre aux 53 millions indiqués plus haut. Nous voilà à 67 millions de différence à retrancher du budget français *écrit* comparé au budget allemand.

Continuons.

L'administration de la guerre procure à celle des finances certains produits, certaines recettes, en Allemagne comme en France du reste. Pour la France, nous en avons déjà vu un exemple par la retenue de 5,300,000 francs sur la solde des officiers ; il convient d'y ajouter les frais de pension payés par les élèves des écoles militaires, le remboursement par la Ville de Paris d'une portion des dépenses de la garde républicaine, le produit du travail des détenus dans les pénitenciers militaires, les sommes versées annuellement par les officiers remontés à titre onéreux, le produit du service des poudres, le produit des objets vendus par les Domaines, de l'affermage de terrains, du remboursement par les villes de frais de casernement, etc., etc., enfin une série d'articles dont la valeur totale — non compris les 5 millions de retenue sur la solde des officiers, déjà comptés — s'élève à près de 24 millions, et dont la perception par M. Cochery vient diminuer d'autant les dépenses effectuées par le général Billot.

Ajoutez ces 24 millions aux 67 millions relevés ci-dessus, nous arrivons à un ensemble de 91 millions de francs à *déduire* des dépenses écrites de notre budget de la guerre, si on veut le comparer exactement à celui de l'empire allemand.

Ce n'est donc plus à 626 millions qu'il faut évaluer notre budget total de la guerre (ou à 601 millions notre budget ordinaire), mais seulement à 535 millions le budget total, — ou à 510 millions le budget ordinaire.

Voyons maintenant le budget allemand.

Il faut aussi lui faire subir certaines diminutions, mais, en revanche, certaines augmentations.

Les diminutions à opérer proviennent des *recettes* procurées au Trésor, en Allemagne comme en France, par les services de l'armée. Seulement, ces recettes sont beaucoup moins élevées que chez nous ; elles n'atteignent au plus que 11 millions. D'autre part, la *Caisse militaire des veuves*, dont les dépenses sont, par exception, inscrites dans le budget de la guerre (et qui est d'ailleurs supprimée en principe), reçoit une subvention d'environ 3 millions, qui abaisse d'autant la dépense écrite. Voilà donc 14 millions de francs à *retrancher* du budget de la guerre allemand.

Par compensation, il faut l'augmenter de certaines sommes non apparentes ou non écrites ; par exemple : du produit de l'exploitation des dépôts de remonte ; de la subvention au service géographique fournie par le budget particulier de la Prusse ; des recettes intérieures des Ecoles de cadets, qui ne sont portées au compte du Trésor que pour leur *surplus* sur les dépenses, tandis que ces dernières sont écrites intégralement. Ces articles représentent à eux seuls environ 5 millions de francs.

Enfin les *volontaires d'un an*, qui ne sont pas moins de 9,000 à 10,000, et qui ne sont pas l'élément le plus négligeable de l'armée allemande, ne coûtent pas un *pfennig* au Trésor de l'empire et représentent cependant une dépense importante, dont les contribuables sont affranchis, mais qui n'en est pas moins effectuée réellement au profit de la force vive de l'armée.

D'après les documents allemands eux-mêmes, on doit évaluer les dépenses du volontaire d'un an (Einjæhriger) à plus de 2,000 francs par an, — exactement, d'après les détails, à 2,001 fr. 57 c., — mais cela pour les fantassins seulement.

Dans la cavalerie et dans l'artillerie, où le volontaire est monté à ses frais, la dépense est notablement plus élevée. Il reçoit son cheval du corps où il est placé, mais il est obligé de rembourser 500 francs dans la cavalerie et l'artillerie à cheval, et 188 francs dans l'artillerie montée et le train. De plus, il paye la nourriture du cheval, comptée à raison de 577 fr. 44 par an, la ferrure, les médicaments, etc. En définitive, c'est une dépense, en chiffre rond, de 2,000 francs par an pour le volontaire d'un an dans l'infanterie, et de 2,770 francs à 2,083 francs dans les armes à cheval.

En calculant sur une moyenne de 7,600 volontaires dans l'infanterie et de 1,900 volontaires dans les armes à cheval, et en prenant pour ceux-ci la moyenne entre 2,770 francs et 3,083 francs, c'est au bas mot une dépense totale de 20,759,000 francs, supportée par les volontaires d'un an, pour la plus grande force de l'armée allemande et pour la plus grande économie du budget de la guerre.

Ajoutez ces 20,759,000 francs aux 5 millions de produits déjà constatés, c'est un total de 25 à 26 millions d'augmentation.

Ainsi : 14 millions à retrancher du budget de la guerre allemand ; 26 millions à y ajouter ; il reste une différence de 12 millions de francs qui doit venir en augmentation des chiffres écrits.

En résumé :

Le projet de budget de la guerre allemand pour 1897-1898 portait 683 millions. Il doit être augmenté de 12 millions. C'est donc un total de 695 millions. (Le Reichstag a légèrement diminué les dépenses extraordinaires, de 7 à 8 millions environ, autant que je puisse me rappeler ; je n'ai pas les derniers chiffres sous la main. Il ne resterait donc que 687 à 688 millions. Mais le budget *ordinaire* permanent représente à lui seul, dans ce total, au moins *620 millions.*)

Quant au budget de la guerre français, on a vu qu'il faut le diminuer de 91 millions, et que cette diminution porte pour une grande partie sur le budget ordinaire. Notre budget, méthodiquement, exactement comparé au budget allemand, au point de vue des dépenses réellement effectuées et des résultats matériels réellement obtenus pour les forces de combat, doit donc être ramené, dans son total, à 535 millions.

Par conséquent, 535 millions en France contre 688 millions en Allemagne — c'est-à-dire 153 millions de francs effectivement dépensés en Allemagne de plus qu'en France pour les forces de combat de l'armée de terre, — tel est le résumé fidèle d'une analyse générale positive des budgets de la guerre apparents des deux pays.

Nous sommes loin de la légende officielle, n'est-ce pas?

L'INVASION ALLEMANDE

I

Rassurez-vous : notre frontière n'est point franchie. Invasion pacifique. Néanmoins, aussi dangereuse que l'autre. Vous allez en juger.

Notre administration des douanes vient de publier (2 février 1898) le mouvement du commerce extérieur de la France pendant l'année 1897. Il se résume ainsi pour le commerce *spécial :* Importations : 4 milliards ; exportations : 3,676 millions ; ce qui représente 201 millions d'importations de plus et 275 millions d'exportations de plus qu'en 1896 ; — ensemble un mouvement commercial total de 7 milliards 676 millions en 1897, supérieur de 476 millions à celui de l'année précédente.

C'est un progrès notable ; près d'un demi-milliard : cela compte! Depuis sept ans — la durée de la période représentée par les sept vaches maigres et les sept épis maigres desséchés par le vent du Midi que le Per-aa vit en songe, — nos exportations, notamment, ne s'étaient jamais élevées aussi haut. Nous avons donc sujet de nous réjouir et de prendre courage. Les sept vaches grasses, belles à voir, vont peut-être ressusciter et, « montant du fleuve, paître de nouveau sur la rive » !

Cependant, pour apprécier justement notre situation commerciale, il ne suffit pas de la considérer isolément. Dans la lutte pour l'existence, la force de chacun des êtres est essentiellement relative. Il n'est de fort que le plus fort. Et si le plus fort d'aujourd'hui ne fait que conserver sa force tandis que celle de ses rivaux va grandir, doubler, tripler, il deviendra inévitablement le plus faible et sera vaincu.

De même pour la lutte économique des nations.

Il faut donc regarder nos rivaux, et particulièrement notre rivale par excellence.

Que fait l'Allemagne? Quelle marche suit-elle par rapport à nous? Rien n'est plus aisé que de s'en rendre compte, en jetant les yeux sur le chemin parcouru depuis la guerre de 1870. Les indications suivantes vont nous le montrer clairement. Prenons comme point de départ l'année qui suivit la guerre, c'est-à-dire 1872, et rapprochons-la de la dernière année connue dans les deux pays, c'est-à-dire 1896 (l'année 1897 n'est en effet entièrement connue que pour la France); voici les chiffres officiels de la valeur des exportations du commerce spécial comparé en France et en Allemagne, exprimée en *millions de francs.*

EXPORTATIONS

	FRANCE	ALLEMAGNE
	—	—
1872	3.762	2.900
1896	3.401	4.892

Par conséquent, en 1896, par rapport à 1872, nous avons :

En Allemagne, une *augmentation* de près de *2 milliards* (exactement 1,992 millions);

En France, une *diminution* de 361 millions.

En valeur proportionnelle, c'est, pour l'Allemagne, une *augmentation* de plus de 68 pour 100, et pour la France une *diminution* de près de 10 pour 100.

Ainsi, tandis que l'Allemagne réalisait de si formidables progrès, non seulement nous ne l'avons pas suivie, même à distance, mais nous n'avons même pas pu conserver notre position sur les marchés extérieurs ; nous y avons reculé.

Tel est le bilan.

Alors qu'il faudrait avancer, avancer sans cesse, comme nous l'avons fait toujours dans le passé, comme nous l'avons fait en particulier de 1850 à 1860, de 1860 à 1870, période pendant laquelle nos progrès ont dépassé relativement ceux de l'Angleterre, — voici que, dans ce dernier quart de siècle, nous avons perdu, perdu absolument, perdu bien plus encore relativement, et perdu tandis que tout le monde, tous nos rivaux, dans l'univers entier, gagnaient et progressaient !

Voyez plutôt ce mouvement de leurs Exportations :

L'Angleterre. — En 1872 : 6,400 millions ; en 1896 : 7,475 millions. *Augmentation :* 1,075 millions de francs.

Les Etats-Unis. — En 1872 : 2,231 millions ; en 1896-97 : 5,444 millions. *Augmentation :* 3,213 millions de francs.

La Russie. — En 1872 : 352 millions de roubles ; en 1895 : 689 millions. *Augmentation :* 337 millions de roubles.

L'Autriche-Hongrie. — En 1872 : moins de 1,300 millions de francs ; en 1896 : 1,912 millions. *Augmentation :* plus de 612 millions.

La Belgique, notre voisine. — En 1872 : moins de 1 milliard ; en 1896 : 1,468 millions. *Augmentation :* 468 millions, représentant par conséquent près de 47 pour 100.

La Suisse, la petite Suisse elle-même, a réalisé les plus rapides progrès.

Que dirais-je du Japon, de l'Australie, des Indes anglaises, de tous ces pays nouveaux qui ont développé d'une façon si prodigieuse leur activité commerciale, leurs ventes, mais aussi leurs achats, augmentant dans des proportions surprenantes la puissance de consommation de leurs marchés ?

De sorte que dans l'universelle marche en avant des pays vivaces, laborieux, entreprenants ; dans cette course ardente des peuples vers l'avenir, vers la plus large vie, non seulement la France ne précipite point ses pas, aspirant l'air à pleins poumons, écartant, devançant ses rivaux, mais encore il semble que le souffle manque à sa poitrine, le sang à ses artères, la vigueur à ses muscles, l'énergie surtout à sa volonté, si bien qu'elle voit passer devant elle, indifférente et lassée, tour à tour tous ses concurrents !

*
* *

Et cela n'est pas fini. Nos rivaux ne se fatiguent point. L'Allemagne surtout, qui est notre concurrent le plus direct, que nous rencontrons partout au dehors, sur tous les marchés, dans tous les ports, dans toutes les entreprises, qui nous enlève peu à peu nos plus anciennes clientèles, ne paraît pas disposée à ralentir ses efforts. Elle les multiplie, au contraire, méthodiquement, régulièrement; appliquant dans le domaine économique les mêmes procédés que dans le domaine militaire; préparant, accomplissant, organisant l'invasion commerciale comme l'invasion à main armée.

Un curieux rapport de notre consul à Anvers, M. Carteron, publié dans le *Moniteur du Commerce*, nous montrait récemment comment les Allemands se sont à peu près emparés de cette magnifique place, qu'on pourrait dire devenue plutôt une succursale qu'une rivale de Hambourg.

Ce sont de bien autres conquêtes que méditent nos insatiables voisins de l'autre côté des Vosges! Et c'est ici que je prends sur le vif le génie de leur race et leur constante et historique méthode de préparation avant l'action.

Vous n'avez point oublié la genèse de cette puissante institution commerciale, le *Zollverein*, qui fut le véritable berceau de l'unité allemande, et qui place, aux yeux de l'historien et du philosophe, le simple économiste Frédéric List non loin du prince de Bismarck et du feld-maréchal-général comte de Moltke, parmi les fondateurs du nouvel empire allemand.

Ce fut par un journal, le *Zollvereinblatt*, que

l'économiste wurtembergeois commença et répandit sa prédication pour l'union commerciale, qui portait en elle le principe de tant d'événements futurs.

C'est une œuvre analogue qui vient d'être entreprise pour un nouveau et plus vaste *Zollverein*, pour une « plus grande Allemagne », habilement dissimulée sous les thèses économiques et sous les chiffres terre à terre des statistiques commerciales. Je veux parler de l'*Alldeutscher Verband* (Association pangermanique), établie surtout à Berlin et à Leipzig, sous la présidence du professeur Hasse, député au Reichstag ; de sa publication hebdomadaire, *Alldeutsche Blatter*, les *Feuilles pangermaniques*, paraissant à Berlin, et des brochures systématiques publiées sous son patronage, à Munich, sous le titre général de *Der Kampf um das Deutschtum* (*le Combat pour l'Idée allemande*), avec un sous-titre particulier suivant le sujet traité par chaque brochure.

L'*Association pangermanique* est récente ; elle grandit rapidement. Le nombre de ses membres était de 9,443 au 1er janvier 1897 ; au 31 décembre il était de 12,974. Le nombre des Comités locaux était, aux mêmes dates, de 66 d'abord, dont 23 à l'étranger ; puis de 95, dont 28 à l'étranger. En dehors des publications diverses, l'action personnelle, directe, est incessante. Les congrès surtout sont mis en œuvre ; les plus récents furent tenus à Leipzig, et à Dusseldorf le 12 décembre dernier, avec un grand retentissement.

Il n'y a pas longtemps que cette propagande est commencée, ayant pour but de rapprocher, d'unir étroitement les intérêts commerciaux de la Belgique et des Pays-Bas dans le *Zollverein* actuel, ouvrant ses bras et son cœur à ces frères aujourd'hui trop éloignés et victimes de cette séparation ; — et déjà elle produit ses fruits ! L'idée chemine, rayonne, grandit, se répand de proche en proche, symbolisée dans la gravure qui orne la première page des brochures : un chevalier à l'armure éclatante, la tête ceinte de laurier et nimbée d'argent, portant d'une main l'épée nue, de l'autre l'étendard impérial dont les plis s'envolent au loin, et monté sur un cheval prodigieux qui s'élance, hennissant de joie et d'orgueil, à la conquête de l'espace.

Mais Siegfried ne va plus, porté par l'intrépide Grane, délivrer la déesse sur le roc embrasé ; il s'est adapté au milieu et va fonder des comptoirs.

Et maintenant il faut lire la glose. Nous y verrons les projets caressés par l'âme allemande, qui ne s'endort pas dans les succès, que ne rebutent pas les efforts nécessaires, et qui sait concevoir et conduire les projets à longue échéance.

II

LES NOUVEAUX PROJETS

Vous avez vu les progrès du commerce allemand, l'organisation nouvelle destinée à les étendre encore. Pour connaître l'esprit, les doctrines, les plans, les procédés de propagande et d'action de cette association nouvelle, de ces *pangermanistes* si nombreux déjà, si actifs, si bien placés pour agir efficacement, il n'est pas nécessaire de lire toutes leurs publications : *la Bohême, le Tyrol, la Carinthie et l'Istrie, l'Afrique du Sud, l'Autriche-Hongrie*, etc., etc. ; il suffit de jeter un coup d'œil sur deux de ces brochures placées sous le patronage symbolique du chevalier conquérant : *le Mouvement pangermanique et les Pays-Bas*, par Fritz Bley, et *la Politique allemande dans l'univers*, par le professeur Ernst Hasse, député au Reichstag, président de l'Association pangermanique.

Toute la substance, toute la physionomie de la croisade allemande sont là, dans ces deux ouvrages. Il ne faut pas les prendre, à coup sûr, pour document officiels. Ce n'est pas l'empereur Guillaume II qui parle, ni aucun de ses ministres ; ce sont des particuliers ; mais pas de simples particuliers, des particuliers très « généraux », au contraire, exerçant une action puissante, exprimant, avec l'autorité et la force de leur science et de leur situation personnelle, les idées, les aspirations, les tendances qui agitent d'une manière plus ou moins confuse l'âme allemande, dans les profondeurs de « l'inconscient ».

De tels ouvrages condensent, précisent, formulent en doctrines positives et en programmes déterminés toutes ces conceptions flottantes et les font passer peu à peu de l'état de nébuleuses à l'état de corps massifs, qu'entraînera plus tard une invincible force. Il faut savoir connaître la méthode allemande !

Ouvrons donc *le Mouvement pangermanique et les Pays-Bas*. La thèse apparaît vite. Elle est bien simple d'ailleurs, et la voici :

Les *patriotes* se croient au bout de leur tâche ; ils digèrent les événements de 1870-71 et chantent fièrement, les jours de fête, d'une solide voix de basse, le *Chère patrie, sois tranquille, ferme et fidèle la garde se tient sur le Rhin !*

Baves gens ! ils ne se doutent pas que le « Vaterland » ne peut pas être tranquille et qu'il n'y a pas lieu de chanter le *Wacht am Rhein* aussi longtemps que « les Hollandais et les Suisses n'auront pas senti vibrer en eux les liens qui les unissent si étroitement aux Allemands ».

Et voilà l'auteur en pleine matière, se défendant d'ailleurs de vouloir annexer le Luxembourg ou la Hollande ; cela est bien inutile, « puisque ces pays sont allemands depuis que le monde est monde ». Ce qu'il veut, ce qu'il faut, est donc tout naturel : c'est, comme au troisième siècle, établir des alliances nécessaires non plus entre Chauques et Chérusques, entre Ménapiens, Bataves et Sicambres, mais « entre *habitants de l'Empire*, Hollandais, Belges, habitants d'Ostmarken et Boers. » D'abord, alliance politique et économique perpétuelle entre l'Autriche-Hongrie, l'Allemagne et les Pays-Bas, avec unité douanière, car une semblable alliance est aussi indispensable qu'elle est de droit strict entre ceux qu'elle intéresse. Elle ne regarde en rien, d'ailleurs, ni la France, ni l'Angleterre, ni qui que ce soit. Toutefois si la France en prenait prétexte, avec ou sans l'Angleterre, pour déclarer la guerre à l'Allemagne, elle lui rendrait le même service qu'en 1870. Ensuite, fusion des différents dialectes germaniques en une seule langue écrite, mesure de toute nécessité pour

« cimenter l'unité entre Néerlandais, Allemands et Autrichiens ».

Tels sont les deux principaux procédés indiqués par M. Fritz Bley pour achever l'œuvre nationale allemande ; il faut voir avec quelle abondance d'arguments historiques, économiques, ethnographiques, il cherche ensuite à justifier sa proposition, s'adressant tantôt aux Hollandais, tantôt aux Belges, tantôt même aux Flamands de France, invoquant tour à tour la raison, l'intérêt, le cœur !

La Hollande, dit en substance le docteur Fritz Bley, a besoin de nos colonisateurs et de nos forces pour ses possessions d'outre-mer qu'elle ne peut plus protéger ni développer, tandis que nous avons besoin de ses colonies, et aussi du libre transit sur le Rhin allemand jusqu'à son embouchure, ce que la résistance passive des Hollandais nous rend difficile. C'est l'intérêt des deux pays. Les gros bonnets de l'Amstel et de la Meuse le sentent bien. Peu importent les haines manifestées en Hollande, contre les Allemands. La force des choses triomphera de toutes les aversions et de toutes les manœuvres. « Nos frères des Pays-Bas sont avant tout malins et adroits, ce qui fait que cette haine n'a pas grande importance. » Le dénouement inévitable s'accomplira et sera pris par tout le monde comme une bonne affaire dans laquelle les deux parties récoltent des bénéfices. Il y aura beaucoup de pourparlers, chacun tirera de son côté, les puissants personnages d'Amsterdam plus que nos inoffensifs édiles, mais l'affaire se fera, et des deux côtés, on se frottera les mains. L'Allemagne trouvera les colonies, les ports qui lui sont indispensables ; la Hollande retrouvera sa mère patrie primitive, cette Germanie qu'elle eut si grand tort d'abandonner, puisque tous ses malheurs lui sont venus de cette séparation. A quoi lui servit, en effet, l'héroïsme de sa flotte et de Tromp, en 1652, dans ses luttes contre l'Angleterre ? A quoi lui servit que Ruyter, en 1667, ait remonté la Tamise, brûlé Chatham, forcé l'Angleterre à signer la paix de Bréda ? De quelque gloire que la Hollande se couvrît, elle n'a pu sauvegarder le fruit de ses victoires. Ses Etats d'outre-mer se sont morcelés petit à petit, parce qu'il lui manquait un solide appui (comme cela est arrivé aussi au Portugal), c'est-à-dire une forte armée de terre et une grande puissance d'émigration. Voilà ce que l'empire allemand apportera à la Hollande. Les Anglais l'ont parfaitement compris ; ils ont toujours cherché à empêcher la réunion des Pays-Bas et de l'Allemagne ; ce fut leur grand effort en 1815, car ils avaient eu un avant-goût de leur ruine par le blocus continental. L'heure enfin va venir de donner au problème sa solution nécessaire : la terre et les réserves puissantes qu'elle comporte à ceux qui possèdent la mer et les colonies, mais ne peuvent plus défendre ni entretenir ce patrimoine ; — la mer et les colonies à ceux qui possèdent la terre profonde, la force et les masses humaines !

Quant aux Flamands, ce sont des amis du premier degré, des amis de cœur. Flamands de Belgique, Flamands de France : tous Allemands ! En doutez-vous ? Ecoutez le savant docteur Fritz Bley :

« Nous ne pouvons prendre congé de la Flandre sans nous ressouvenir des provinces flamandes que nous avons perdues, — l'Artois et la Flandre maritime, — qui, comme l'Alsace-Lorraine allemande, ont été annexées à la France par le vol de Louis XIV. Ce beau pays, avec environt cent communes, parmi lesquelles Dunkerque, Cassel, Gravelines, Hazebrouck, Saint-Venant, etc., est resté flamand jusqu'à l'heure actuelle. L'arrière-pays même, Boulogne-sur-Mer, Calais, Vimille, Lille, Saint-Omer, Cambrai, etc., n'est couvert que d'une très légère couche de vernis français ; la population pense en flamand (!...) et le flamand est la langue que les habitants parlent entre eux. Leur apparence personnelle et leurs traits, leurs yeux bleus et leurs cheveux blonds, leur taille haute et élancée accusent nettement la pure origine allemande de cette race superbe ;

ils se sont bien défendus contre le *sauvage, vilain et sot Français* (ces derniers mots sont cités en flamand dans le texte allemand)... Aussi, dans ce beau et béni pays, ce sont les *Rederykkamers* (Chambres de rhétorique, associations d'étudiants) qui, malgré la domination française, auront sauvé la langue flamande jusqu'à des temps — si Dieu le veut, prochains — meilleurs!... Si, tôt ou tard, on reprend aux Français ce qu'ils ont obtenu par les violences malhonnêtes de Turenne, on entendra les cris de paon de la France, tout comme après la reprise de l'Alsace-Lorraine! Il devient vraiment temps qu'on s'occupe en Allemagne de ces frères perdus!...

» Soyons sans crainte. L'orage monte. Le cri de la liberté a retenti au congrès néerlandais à Anvers et la sympathie témoignée par les soldats néerlandais de Batavia à leurs frères d'armes de la flotte allemande, lors du naufrage de notre petite brave *Iltis*, résonne comme le cri de l'albatros au moment de l'orage sur l'immensité des mers.

» Derrière le poêle, ceux qui ont peur du vent et du tonnerre! Les précurseurs du printemps allemand ne sont pas de doux zéphyrs! La mer monte, le temps s'assombrit, à l'œuvre! Car le pétrel pousse des cris d'allégresse en sillonnant les airs; c'est l'esprit des gueux de la jeunesse néerlandaise : à lui l'avenir ! à lui la mer ! »

Ainsi termine le docteur Fritz Bley qui ne recule point, on l'a vu, devant les inexactitudes et les exagérations ; son président, le docteur Ernst Hasse, ne lui cède rien en audace démonstrative ni en pindarisme dans sa *Deutsche Weltpolitik*.

L'objet de cette seconde brochure est d'exposer les avantages et la nécessité du nouveau *Zollverein*, dont j'ai précédemment signalé le projet.

Les progrès économiques de l'Allemagne ne sont, pour M. Ernst Hasse, qu'un commencement, une démonstration de l'étendue de ses ressources et de l'œuvre qu'elle peut et doit accomplir : la conquête de la suprématie économique, complément de sa suprématie militaire.

Mais, dit-il, il y a un obstacle. L'Allemagne n'a jamais eu d'amis. Les Anglo-Saxons — quoique de même race — sont jaloux de ses succès commerciaux, et il est certain que plus l'Allemagne augmentera son trafic, plus ses concurrents chercheront à constituer de grands territoires commerciaux soustraits à l'action allemande. Ce sera l'œuvre du vingtième siècle.

On verra alors :

1° La Russie, empire immense, capable de se suffire entièrement, et n'ayant plus besoin de ce qu'elle appelle elle-même l'*Ouest vermoulu* ;

2° L'Empire britannique, comprenant, suivant les projets des hommes d'État anglais, la Grande-Bretagne et toutes ses colonies et pays de protectorat groupés en un même domaine économique, dont l'accès sera, par un protectionnisme rigoureux, rendu impossible aux autres nations et surtout à l'Allemagne ;

3° Les Etats-Unis, ou mieux l'Amérique tout entière organisée économiquement d'après les principes du *panaméricanisme* si ardemment préconisé par les missionnaires de New-York, et fermée au vieux monde.

Dès lors, nécessité pour l'Allemagne d'imiter ce mouvement et de former de son côté le groupe des pays menacés par les précédents, en établissant une « nouvelle association douanière entre l'empire allemand, l'Autriche-Hongrie, la Belgique, la Hollande et peut-être la Suisse et la Roumanie ». On aurait ainsi les mains libres sur tout le Danube, le Rhin, l'Elbe, et l'Oder, et l'on s'appuierait sur la Baltique et la mer du Nord d'une part, d'autre part sur l'Adriatique et la Mer Noire. On établirait un règlement uniforme pour les chemins de fer, les postes, les télégraphes. On grouperait fortement à l'étranger tous les éléments allemands, — Chambres de commerce, sociétés de secours, sociétés ouvrières, etc. ; — on y fonderait des banques allemandes; on poserait des câbles sous-marins allemands, pour s'affranchir des Anglais ; on mettrait à la disposition de la race germanique, si féconde, de vastes colonies de peuplement, — et, à cette fin, il y a grand intérêt pour l'Allemagne à manœuvrer habilement en vue de la dissolution prochaine de la Turquie, à cause des régions d'Asie Mineure éminemment propices à recevoir des colons européens. » Enfin, une puissante marine de guerre, payée à frais communs par le nouveau Zollverein.

Quant aux colonies d'exploitation, il suffit, pour être rassuré, de regarder « les immenses étendues du Congo belge, des Indes néerlandaises et des pays de protectorat allemand ».

Tel est, en résumant les grands traits, le plan de la future « Confédération de l'Europe centrale » — (le titre est déjà trouvé), — c'est-à-dire de « la plus grande Allemagne », pour l'appeler de son vrai nom.

Ne traitez point tout cela de chimères. Tandis que ces plans, coïncidant d'une façon si précise avec certains projets officiels du gouvernement allemand, sont exposés, développés, propagés avec une activité prodigieuse, par la parole, par le journal, par la revue, par la brochure, songez que les idées maîtresses d'où ils dérivent sont répandues et semées en des millions de cerveaux par l'école primaire, par l'enseignement supérieur.

Songez que la *Géographie* du professeur Daniel, inspecteur au collège royal de Halle, ouvrage *classique*, enseigne à tous les Allemands que le *pays allemand — Deutsche Land* — va des Alpes à la mer du Nord et à la Baltique, c'est-à-dire comprend « l'empire allemand, la partie occidentale de la monarchie austro-hongroise, la Belgique, la Hollande, la Suisse, le Luxembourg et le Lichtenstein »; que ces pays sont entièrement, ou pour la plus grande partie, peuplés par les Allemands, et qu'ils ne sont que « détachés » de la Confédération de l'ancien empire germanique, auquel ils appartenaient au moyen âge.

Rappelez-vous que cette méthode est identique, point pour point, trait pour trait, à celle qui fut appliquée pendant si longtemps, relativement à l'Alsace-Lorraine, avant la guerre de 1870.

Et pendant que les Allemands consacrent tant de forces et tant d'efforts à de telles entreprises, voyez quel usage nous Français, ainsi et aussi menacés, nous faisons des incomparables ressources et des dons merveilleux que la nature nous a prodigués et que nous ne savons plus employer que contre nous-mêmes !

Jupiter veut-il donc nous perdre ?

BISMARCK ORATEUR

LETTRE ÉCRITE DE BERLIN LE 8 MAI 1886 A UN DE MES AMIS, A LYON

Berlin, 8 mai 1886.

Mon cher ami,

J'ai assisté à la séance du *Landtag*, où M. de Bismarck a pris la parole quatre fois en faveur de son nouveau projet de loi modifiant, d'accord avec le pape, ses fameuses lois de mai contre l'Église catholique, et je m'empresse de t'envoyer à cette occasion les détails que je t'avais promis.

Tu connais les grandes lignes de l'organisation parlementaire en Allemagne et en Prusse. Tu sais que l'empire d'Allemagne a deux Chambres, l'une de *Bundesrath*, composée de représentants des 26 États de l'empire, en nombre proportionnel à leur importance; ainsi, le roi de Prusse envoie 17 membres au Bundesrath ; le roi de Bavière, 6 ; les rois de Saxe et de Wurtemberg, 4 chacun ; le grand-duc de Bade, 3 ; le grand-duc de Hesse, 3 ; et ainsi de suite ; la série des princes et ducs de Reuss, de Saxe-Cobourg-Gotha, d'Anhalt, etc., n'envoient chacun qu'un seul représentant. Cette composition te montre d'avance que le Bundesrath est une Chambre où l'opposition n'est pas à craindre pour « le Prince, » le « *Furst,* » comme on dit ici pour désigner M. de Bismarck. L'autre Chambre, le *Reichstag*, est tout à fait différente ; nommée au suffrage universel, comme chez nous, au scrutin d'arrondissement, ou mieux de circonscription, uninominal, et composée de 397 membres, dont 236 pour la Prusse, 48 pour la Bavière, 23 pour la Saxe, etc., et enfin 15 pour l'Alsace-Lorraine, cette Assemblée est loin d'être docile. Le centre, notamment, c'est-à-dire le parti catholique, fort nombreux, habilement dirigé par M. Windthorst, y fait au « chancelier de fer » une opposition redoutable, et, dans ces derniers temps notamment, a mis en échec presque tous ses projets.

Le royaume de Prusse a aussi ses deux Chambres : la *Chambre des Seigneurs*, *Herrenhaus*, et la Chambre des députés, *Haus der Abgeordneten*, composée de 433 députés. Dans les deux, le chancelier a la majorité.

Encore une fois, tu sais tout cela aussi bien

que moi; mais voici quelques détails d'intérieur, de cuisine (tu verras que le mot est à sa place), qui t'intéresseront sans doute.

D'abord, la composition des partis. Le *Landtag* est en effet divisé, comme nos Chambres, en *groupes;* mais ces groupes, plus nombreux, ont une bien plus grande homogénéité et une remarquable discipline. Ce sont vraiment des « groupes », organisés, sachant reconnaître des chefs, désignés par leurs mérites, et suivre une politique commune et rationnelle.

Les 433 députés de la Chambre se divisent en 7 groupes, savoir : Les *Conservateurs*, au nombre de 130; les membres du *Centre*, au nombre de 91; les *Nationaux-Libéraux*, au nombre de 72; les *Conservateurs Libéraux*, au nombre de 65; les *Progressistes*, au nombre de 43; les *Polonais*, au nombre de 15. Les 17 autres membres du Landtag sont des indépendants, des indisciplinés, ne sachant pas trop ce qu'ils veulent, et ne comptant d'ailleurs aucun homme marquant.

La majorité, dévouée à M. de Bismarck, comprend tous les conservateurs, et, en général, la plus grande partie des conservateurs libéraux, des nationaux-libéraux. Les progressistes, dirigés là comme au Reichstag par M. Richter; le centre, dirigé également comme au Reichstag par M. Windthorst, et les Polonais, voilà en général l'opposition.

Or, M. de Bismarck veut désorganiser le centre, attirer à lui ses membres, et c'est pour cela qu'il a fait ses nouvelles lois, trouvant, à son tour, que « Paris vaut bien une messe. »

La salle des séances est très simple. Trace devant toi un carré long; désigne par A et par B les deux grands côtés; par C et par D les deux petits, et voici la disposition : au milieu du côté A, le bureau du président et des secrétaires, disposé à peu près comme chez nous, avec la tribune par devant. A cette tribune, un pupitre tournant, comme un lutrin, pour les orateurs. Dans la salle, les bancs des députés rangés en hémicycle, par secteurs. Les membres des différents groupes réunis presque absolument ensemble. En face du bureau et de la tribune, par conséquent au milieu du côté B, une sorte de grande loge; c'est le banc des ministres, qui parlent de là, et non de la tribune. Quand l'un d'eux parle, il faut donc que les députés du milieu de la salle se retournent pour l'entendre.

De l'autre côté du mur A, un grand corridor, parallèle, servant de promenoir. De l'autre côté de ce corridor, parallèle par conséquent à la salle des séances elle-même, et presque aussi vaste, la salle à manger, la « *Restauration* », inséparable, en Allemagne, de toute institution, de tout établissement, et, en avant de cette salle à manger, où sont disposées de nombreuses tables de marbre, et où les groupes ont chacun leurs tables; une suffisante cuisine, toujours en activité de fourneaux.

Les misérables buvettes du Palais-Bourbon et du Luxembourg feraient vraiment piètre figure à côté de cette cuisine ronflante, aux émanations savoureuses, et de cette salle à manger, qui ne vole pas son titre.

Quant aux tribunes pour l'auditoire, très fréquentées par les Berlinoises et par les Berlinois, lundi dernier envahies à craquer, elles sont au premier étage, en arrière de la salle, aux côtés A, C et D seulement. Les journalistes sont au-dessus du bureau, en face du banc des ministres; ils ne voient donc que par derrière l'orateur monté à la tribune; mais beaucoup de députés parlent de leur place.

Le nouveau projet de loi, qui vient d'être définitivement voté par le Landtag à une grande majorité, a donné lieu à d'assez longs débats, dont tout l'intérêt s'est concentré dans la première séance, celle de lundi. M. de Bismarck attachait le plus grand prix au succès de sa loi; on ne croyait pas cependant qu'il vînt prendre part au débat. Son fils aîné, le comte Herbert de Bismarck, était gravement malade depuis quelques jours, et l'on pensait généralement que le « Furst » ne viendrait pas.

La discussion s'est ouverte par divers discours

dont le plus clair résultat fut de vider la salle des séances au profit de la salle de « Restauration. » Les députés, en grand nombre, étaient là, groupés, fumant et se restaurant; dans le fond, à droite, les conservateurs libéraux notamment, assis ensemble et parmi eux un cousin du chancelier, portant le même nom. Plusieurs fois la sonnette électrique annonçant le changement d'orateur avait retenti. Tout à coup un huissier circule, disant : « Le prince parle. » Aussitôt, en un clin d'œil, les tables sont désertées, la salle des séances se remplit; le prince parlait en effet.

Rien de moins semblable à un orateur, tel qu'on l'entend en France et dans les pays « oratoires ». Debout, sanglé dans sa tunique de cuirassier, sans autre dorure qu'un mince galon à la manche, haut de presque six pieds, les cheveux blancs, courts, la barbe blanche, il est là au bout du banc des ministres, du côté droit du banc, parlant lentement, cherchant souvent ses mots, répétant la première syllabe, sans intonation variée, sans mouvement, se balançant tout d'une pièce dans sa haute stature, tantôt croisant les bras derrière le dos, comme s'il cherchait dans les poches des basques de sa tunique, tantôt balançant le bras d'une façon gauche et saccadée, comme un paysan d'opéra-comique jouant l'embarras. Et à chaque instant, une toux courte, rauque, une sorte de *humr!* avec des *r* gutturales roulant comme des cailloux. Rien de semblable à la toux de Jules Favre, qui avait quelque chose de sonore. C'est un grognement automatique, en attendant que le mot juste vienne. Et tant qu'il ne vient pas, l'orateur le cherche, aimant bien mieux même s'arrêter, se taire tout à fait, que de parler pour ne rien dire ou d'employer un mot impropre. En France, l'auditoire dévorerait l'orateur. Ici, l'auditoire se tait, écoute, attend patiemment, préférant, lui aussi, les hésitations et les longueurs du débit à un bavardage ininterrompu mais vide.

Jamais d'applaudissements avec les mains. Souvent des rires approbatifs, la moindre allusion soulève les rires; parfois un fort et court murmure : on a dit, en allemand, « très bien » ou « bravo » ; et c'est tout.

Presque pas d'interruptions. Jamais de ces longues et bruyantes interruptions, de ces mouvements agités, véhéments, variés, dont nos Chambres donnent le fréquent spectacle, si recherché des curieux. Les débats ont le ton d'une causerie par monologues successifs. Seul, M. Richter a quelque chose d'oratoire, dans le sens que nous donnons à ce mot. Parole élégante, plus recherchée que celle des autres, diction variée, habilement modulée, rappelant un peu celle de M. Jules Simon; parfois le ton s'élève et le geste grandit, mais le retour au genre simple est prompt.

On a affaire, ici, à des gens pratiques, sérieux, voulant des faits, des idées justes et précises, dédaigneux de la rhétorique creuse qui passe chez nous, chez les badauds si nombreux, pour éloquence. L'orateur, quel qu'il soit, ne cherche pas à se faire applaudir, ne poursuit pas de succès de tribune : il veut éclairer et prouver. C'est moins amusant pour les femmes, pour les journalistes, plus utile pour le pays.

Le débat fut aussi vif que possible, que ces mœurs le permettent, entre M. de Bismarck et M. Richter, son adversaire le plus personnel. « Eh quoi! c'est vous, disait M. Richter, vous l'auteur des lois de mai, qui nous proposez aujourd'hui un traité d'alliance avec le pape! Voilà donc où en est arrivée votre fameuse politique prussienne, qui devait être un rocher de bronze! Ce n'est pas même un rocher de cristal! »

Richter n'est pas assis, sur ce dernier mot, que Bismark est debout, levé tout d'un trait, comme si ce colosse était sans jointure. Et le voilà battant l'air de son bras, vrai balancier de pompe, hachant ses phrases courtes, broyant dans sa gorge ses grondements inarticulés et ses mots pêle-mêle. Toute la Chambre est retournée vers lui, muette, attentive, éclatant parfois en rire d'une seconde : une épigramme à l'emporte-pièce vient de partir droit sur l'adversaire.

Quatre fois, je te l'ai dit, les lutteurs se sont pris ainsi corps à corps. Après la dernière réplique, en dix mots, du « Furst », la séance a été levée.

A la sortie, la foule attendait. M. de Bismarck est parti seul, à pied, traversant tout Berlin, qui ne l'avait pas vu depuis longtemps, et qui faisait fête à son héros. Hommes, femmes, jeunes filles, bourgeois et ouvriers, gamins revenant de l'école le cartable sous le bras, tout le monde accourait, s'arrêtait, saluant avec je ne sais quelle expression d'orgueil qui nous tordait le cœur, à nous deux, C... et moi. Et lui, allant d'un pas ferme, droit et vigoureux comme un athlète de cinquante ans, rendait à chacun le salut, portait militairement la main à sa casquette blanche de colonel de cuirassiers, l'autre main appuyée sur la poignée de son sabre. Au croisement des rues, les tramways s'arrêtaient, la foule s'augmentait, et l'ovation est allée grandissante, silencieuse toujours, jusqu'à la porte de la maison où celui qui fit tant de mal à la France et tant de bien à son pays rentra chez lui.

Je ne peux te dire ce que ce spectacle nous a inspiré de réflexions! Le lendemain, quand je revis C..., sa première parole fut : « Je n'ai jamais tant pleuré de ma vie que cette nuit. »

Ah! Français! Français! qui perdez en criminelles discordes tant de forces et tant de temps, si vous pouviez tous voir et entendre ce que nous voyons et entendons depuis un mois!...

A NIJNI-NOVGOROD

Les touristes en quête d'un emploi de leurs vacances ont, cette année (1), un programme tout indiqué : c'est d'aller visiter l'exposition nationale organisée à Nijni-Novgorod par le gouvernement russe. Ils ne sauraient trouver de but de voyage plus curieux ni plus « suggestif », à tous les points de vue.

Le spectacle offert par la ville elle-même constitue à lui seul un des plus beaux de la Russie et même de l'Europe. Je ne connais guère que Naples, Edimbourg, Constantinople, dont la situation soit aussi pittoresque et saisissante. Imaginez une longue et haute colline, une sorte de falaise plutôt, formée par la brusque rupture du vaste plateau qui se déroule uniformément depuis Moscou, pendant plus de quatre cents kilomètres, dans la direction de l'Oural. C'est là, sur les pentes, dans les replis, sur les hau-

(1) Ecrit en juillet 1896.

teurs de cette colline, que s'étage et s'étend la vieille cité des premiers jours du treizième siècle, si longtemps boulevard de la Russie contre les Tartares, et, grâce à Minine, berceau de la grandeur des Romanow. Des jardins qui entourent le palais du gouverneur, au sommet de la ville, sur l'emplacement de quelques-unes des anciennes tours du formidable kremlin où se brisèrent tant d'assauts des hordes de l'Orient, regardez maintenant devant vous. A vos pieds, un fleuve immense, de plus d'un kilomètre de largeur, dont le cours remonte en méandres d'argent jusqu'aux limites de l'horizon ; ce fleuve, semblable à quelque Meschacebé d'Amérique, n'est qu'une simple rivière : l'Oka, issue, à 1,500 kilomètres de là, d'un petit marécage qu'enfermerait l'épervier d'un pêcheur ; de l'autre côté de l'Oka, sur sa rive gauche, une plaine basse, formant presqu'île entre elle et un autre cours d'eau plus puissant encore, qui apparaît au delà, descend lentement vers vous et vient recevoir dans ses eaux celles de la vaste rivière ; celui-ci c'est le vrai fleuve, le Volga — *la* Volga, comme disent les Russes, — qui paraît venir de l'infini et s'en aller là-bas, à l'Est, vers un autre monde.

Sur ces deux immenses étendues d'eaux mouvantes, étincelant au soleil, un prodigieux va-et-vient, dans tous les sens, de cent navires de toutes formes, de toutes grandeurs, montant, descendant, traversant, une activité et une vie comme la Tamise seule, à Londres même, peut en offrir l'image.

Tel est le cadre général dans lequel le gouvernement russe a placé l'Exposition inaugurée le mois dernier et maintenant dans tout son éclat.

La presqu'île entre l'Oka et la Volga, où se tient chaque année, dans la partie la plus voisine de l'énorme confluent, la célèbre foire de Nijni-Novgorod, présentait un théâtre tout naturel et sans limites aux organisateurs de l'Exposition.

Celui qui en avait conçu le projet, M. S. de Witte, ministre des finances, voulait faire une grande manifestation des progrès de la puissance industrielle et des ressources futures de la Russie, en même temps que rendre hommage à l'œuvre considérable accomplie pendant son règne par l'empereur Alexandre III, dont la mémoire restera à juste titre en Russie comme celle d'un des plus grands bienfaiteurs de l'Empire.

Ce projet n'était pas sans difficultés. La presqu'île est inondée toutes les années, au début du printemps, sous des crues de trente mètres ! Rien n'y existe, en dehors des baraques où viennent, pendant le mois de la foire, les cinq à six cent mille étrangers accourus de tous les points du globe. Rien n'y était préparé, ni disposé, sauf l'espace, pour une telle entreprise.

Mais les difficultés ne sont point pour arrêter M. de Witte. Esprit singulièrement curieux et intéressant, où se rencontrent l'imagination du Slave, la résolution de l'Anglais, la méthode de l'Allemand, la clarté et la précision du Français, M. de Witte, qui se garderait bien de poursuivre des chimères ou de se buter contre l'impossible, attaque sans hésiter les obstacles qu'on peut vaincre.

Il ne fallait que beaucoup de volonté, beaucoup d'énergie, beaucoup de ressources, pour établir et organiser l'Exposition : tout fut fait à l'heure dite. Une ville neuve a surgi : bâtiments, hôtels, rues, boulevards, avenues, gares, chemins de fer, tramways, sans compter les palais, les galeries, les pavillons de l'Exposition proprement dite, tout cela est sorti de terre comme par un coup de baguette, et non point en effigie, comme les villages que Potemkin montrait à Catherine, mais en réalités solides, tour à tour simples, gracieuses, imposantes, et dans des proportions vraiment colossales d'étendue.

Notre dernière Exposition de 1889 avec tous ses annexes danserait à l'aise dans celle de Nijni-Novgorod, — et ce qu'on y peut voir, étudier, observer dépasse en intérêt toutes les magnificences du site incomparable où le ministre des finances a réuni les produits de l'homme et du sol dans l'Empire de toutes les Russies.

Je ne saurais évidemment songer à décrire ici l'Exposition elle-même, je veux seulement — et je dois, pour l'édification de ces Français trop nombreux, absorbés dans la contemplation de leur propre image et pour qui l'univers finit à nos frontières — insister sur deux faits considérables, résultant avec une force indicible d'une visite à Nijni-Novgorod.

Le premier, c'est le progrès vraiment incroyable réalisé depuis douze à quinze ans par les diverses industries russes. Les quelques échantillons qu'on en a vus ici en 1889 ne sauraient en donner la moindre idée. La métallurgie, la céramique, les industries mécaniques, les industries textiles, surtout celle du coton, les industries du cuir et de la peau déjà si fameuses, la fabrication des produits chimiques, ont atteint un degré de puissance, de fini, de perfection dans le détail et dans le goût, qui les place bien près des nôtres sinon parfois au même rang, et, dans tous les cas, bien au-dessus des industries allemandes au point de vue de la qualité et de l'exécution.

On voit que l'industriel, l'artisan, l'ouvrier russes n'ont pas seulement pour but de produire beaucoup et au meilleur marché possible; qu'ils veulent vendre, sans doute (ils ne fabriqueraient pas, sans cela!), mais qu'ils ont souci de bien faire et de mieux faire. On sent, dans leur industrie, l'influence de ce sentiment imaginatif et poétique qui est la marque du génie national russe et qui se manifeste dans la littérature, dans les légendes et les chants populaires. Il semble, en vérité, que le sentiment commercial ne vient, dans ce temple du commerce, qu'en seconde ligne, et que l'art pur y tient le haut bout.

Assurément, c'est ici un peuple du Nord, mais ce peuple s'étend jusqu'à l'Orient et descend jusqu'au Midi, et il a reçu ces dons intérieurs que seule la lumière, la divine lumière, verse dans les âmes.

L'agriculture n'est pas restée étrangère à la surprenante impulsion qui a développé l'industrie. Telle exploitation agricole, consacrée à la betterave et au sucre, est une province, comprenant jusqu'à vingt-cinq mille travailleurs, dirigés par le même chef. Tout prend, en Russie, ces dimensions extraordinaires qui déconcertent nos yeux et notre esprit; si bien qu'au retour, après avoir franchi le cordon sanitaire des agents de cet excellent M. Pallain, on dirait que la France n'est qu'un petit Trianon. Il faut, pour remettre les choses au point, un effort de la raison, nous rappelant que la grandeur et la puissance des nations ne se mesurent pas exclusivement d'après le nombre et l'espace.

La seconde impression, fortement ressentie à la vue de l'Exposition de Nijni-Novgorod, — c'est dans le pavillon spécial consacré à la Sibérie qu'on l'éprouve.

Prononcez le mot de Sibérie devant les meilleurs élèves de nos écoles primaires, pour ne pas dire devant 38,343,000 Français sur 38,343,192 formant la population totale : aussitôt l'imagination des auditeurs évoque le plus formidable amoncellement de montagnes de glaces; des plaines de neige, hantées d'ours blancs gigantesques et farouches; le royaume de la terreur et de la mort. Ce n'est là que la plus petite partie de la Sibérie. La plus grande partie comprend les terrains les plus fertiles du monde, des forêts où pourraient s'égarer tous les peuples de l'Europe, et les entrailles du sol y recèlent des richesses minéralogiques auprès desquelles sont méprisables tous les trésors de Golconde.

Seulement, ce pays prodigieux fut, jusqu'à présent, aussi étranger au monde civilisé que s'il se fût trouvé dans une autre planète, n'étant pas moins impénétrable et inaccessible (pratiquement du moins) que les plaines de Mars ou les montagnes de la Lune. Cela, bientôt, va changer. Le jour prochain — avant cinq ou six ans — où les moyens de communication qu'on est en train d'établir seront mis à la disposition du travail humain, de la science, des capitaux, ce sera, dans le domaine économique actuel, une révolution dont nul ne peut apprécier la portée et les conséquences. Certes, elle apportera de grands biens, puisqu'elle mettra au service du genre humain d'incalculables richesses et ressources naturelles, inutilisables depuis leur formation mille fois séculaire; mais elle changera si profondément les conditions existantes de la production, de l'échange, de la valeur, que l'on ne saurait prévoir jusqu'où s'étendront les effets d'une si puissante cause.

Ajoutez que la Sibérie n'est pas, dans l'empire russe, la seule région destinée à mettre au jour de nouvelles et aussi abondantes richesses.

Quoique infiniment moins étendue, la région du Caucase jouera certainement, de son côté, un rôle des plus importants, lorsqu'elle sera pénétrée et pleinement exploitée. Je n'en connais pas qui frappe plus violemment l'imagination par ses diverses et merveilleuses beautés. C'est tout un monde, et ce sont tous les mondes réunis ensemble. Ce massif légendaire, qui joua dans les mythes et les fables de l'antiquité un si grand rôle, où Prométhée enchaîné prit Hélios à témoin des tourments qu'il endurait pour la Justice, présente, suivant les altitudes, les lieux, les orientations, la nature géologique des formations (et on les y trouve toutes!), la flore la plus variée qu'on puisse rencontrer d'un pôle à l'autre, à travers les tropiques, dans l'ancien et dans le nouveau monde. L'importance de son aire n'est certainement pas inférieure à celle de la France et de l'Italie : que donnera-t-il, quand l'homme moderne l'aura mis en valeur?

En vérité, pour comprendre le sens du problème posé devant la génération vivante et plus encore devant celles qui lui succéderont, la sottise de nos routines, la vanité stupide de nos querelles, il est bon de voir autre chose que la rue de la Paix ou les boulevards extérieurs et d'entendre autre chose que les harangues du Palais-Bourbon ou des réunions publiques socialistes. Allez passer quelques jours à l'Exposition de Nijni-Novgorod, et vous sentirez qu'il se prépare, pour une échéance voisine, des événements plus considérables pour le cours des affaires humaines que ne le fut, à la fin du quinzième siècle, la découverte de l'Amérique.

CROISSEZ ET MULTIPLIEZ

C'en est fait : les employés des mairies ont achevé leur récolte de feuilles de recensement, et les voici en train de dépouiller les confidences que vous leur avez faites, mesdames, sur votre nom, votre âge, votre mari, vos enfants et votre cabinet — de toilette.

Si, d'aventure, vous aviez manqué de sincérité sur quelque détail, rassurez-vous : la chose n'est pas de conséquence. Jadis, à Rome, quand florissait la Constitution de Servius Tullius, qui avait établi l'impôt sur le revenu d'après le recensement individuel de tous les habitants, la moindre entorse à la vérité était punie de mort, au dire de Tite-Live ; nos lois sont moins farouches et vous pardonnent d'avance toute erreur volontaire.

En attendant que l'on nous fasse connaître le résultat de l'enquête si paisiblement achevée, grâce aux bons conseils de M. Flaissières, nous pouvons au moins regarder notre situation telle que les chiffres de 1891 et les plus récents dénombrements la déterminent. Il faut bien avouer qu'elle n'a rien de glorieux pour notre fécondité nationale, ni de rassurant pour notre avenir, et qu'elle prouve un profond oubli parmi nous de l'antique loi : « Croissez et multipliez ! »

Nous continuons d'employer, quand nous parlons des peuples, les mêmes désignations qu'autrefois. La France, l'Angleterre, la Russie, l'Allemagne, toutes les nations se présentent à notre esprit comme des personnages identiques à eux-mêmes à travers les âges. Les noms qu'ils portent n'ayant point changé, nous les considérons instinctivement, par suite de la piperie des mots, comme si eux-mêmes n'avaient point changé les uns par rapport aux autres, dans leurs dimensions, dans leurs puissances, dans leurs richesses, dans leurs nombres, dans leurs forces militaires et économiques, dans leurs relations, enfin, de toutes natures ; et, pour un peu, nous répéterions volontiers en l'accommodant au style du jour le mot de Frédéric : « Si j'étais roi de France, je voudrais qu'il ne se tirât pas un coup de canon en Europe sans ma permission. »

Cependant, le plus rapide coup d'œil sur notre pauvre planète, à la fois si petite et si grande, nous montre quels bouleversements de situations réciproques se sont accomplis pendant une durée relativement fort courte.

Vers la fin de Louis XIV — pour ne prendre parmi les signes de la puissance des peuples que le nombre des individus qui les composent — nous voyons la France incontestablement au premier rang dans le monde civilisé, qui se réduit lui-même à l'Europe.

Nous sommes alors une nation d'environ 20 millions d'hommes, la plus unie, la plus fondue de toutes.

L'Angleterre proprement dite atteint à peine, d'après Macaulay, 6 millions d'habitants. L'empire d'Allemagne, composé de trois cents Etats divers, rivaux les uns des autres, n'est pas plus peuplé que la France, et l'Autriche figure, dans son total, pour environ 10 à 12 millions.

La Prusse vient d'être érigée en royaume, et l'électeur de Brandebourg, quand le traité d'Utrecht le reconnaît roi, ne commande pas à 2 millions de sujets. La Russie est au bout du monde, hors du mouvement européen, et l'*Encyclopédie* dira plus tard, en 1765, que le dénombrement ordonné par le Tsar en 1724 n'a révélé que 6,640,000 mâles, soit environ 12 à 13 millions d'habitants. Il est vrai que Voltaire élèvera ce chiffre à 24 millions, et que le royaume de Pologne brille toujours, avec ses 10 à 11 millions d'habitants. L'Espagne, avec 8 à 9 millions; l'Italie, en mille morceaux, avec 10 à 11 millions, complètent à peu près le tableau.

En définitive, l'Europe seule comptant dans le monde; les peuples dirigeants comprenant tous ensemble 50 à 60 millions d'âmes; l'Europe totale, 120 à 130 millions; la France, dans tout cela, incontestablement au premier rang par sa population, comme par sa richesse, sa force, ses lumières : telles sont alors les choses; — et elles n'ont guère changé de face au début de la Révolution. Les chiffres se sont seulement élevés, à peu près proportionnellement, dans chaque pays; la France étant passée à 25 millions, l'empire d'Allemagne au même nombre, la Prusse à 6 millions, la Grande-Bretagne à 12. La France est toujours la plus nombreuse et la plus homogène des nations; — et, parmi les causes qui expliquent notre victorieuse résistance à l'Europe, celle-ci n'est pas, à coup sûr, la moins puissante.

Avant la guerre de 1870, nous avions encore cette supériorité dans le monde. Sauf la Russie, qui comptait en tout 78 millions d'habitants (en Europe et en Asie), la France est toujours au premier rang en Europe, avec 38,192,000 habitants; l'Autriche-Hongrie n'a pas tout à fait 36 millions; tous les pays formant aujourd'hui l'empire allemand, alors séparés, atteignent à peine le même nombre que la France seule ; le Royaume-Uni tout entier dépasse à peine 30 millions d'habitants ; les Etats-Unis, enfin, ne sont que nos égaux.

Les temps, hélas ! sont bien changés! En Europe, nous sommes passés au cinquième rang, ayant à peine rattrapé les 1,965.000 habitants que nous ont enlevés la perte de l'Alsace-Lorraine et la guerre elle-même, et atteint de nouveau le chiffre de 38 millions.

Mais, devant nous, sont venues se placer — après l'énorme Russie, avec ses 100 millions d'habitants européens — l'Allemagne, avec une population qui doit être aujourd'hui de 53 millions d'âmes, l'Autriche-Hongrie, avec plus de 43 millions, — et le Royaume-Uni lui-même qui touche à 40 millions. L'Italie nous serre de près avec 31 millions et une population plus dense que la nôtre. Nous sommes donc tombés du second rang au cinquième.

Les personnages du grand drame historique n'ont pas seulement subi ces transformations prodigieuses, la scène s'est élargie jusqu'aux confins du globe ; des acteurs nouveaux, formidables, se sont jetés dans la mêlée, et chaque jour d'autres encore, soudainement, apparaissent. Ainsi, tandis que dans le siècle qui s'achève nous n'avons augmenté que de 50 pour 100, l'Angleterre a presque quadruplé, augmentant relativement sept à huit fois plus que nous; la Russie a plus que triplé; l'Allemagne, plus que doublé (la Prusse quintuplant!); l'Italie, presque doublé. Et voici les Etats-Unis, naguère séparés de nous par plusieurs semaines de temps, aujourd'hui nos voisins de moins de huit jours, avec leurs intarissables ressources naturelles et leurs 70 millions d'habitants, d'une activité incessante, d'une initiative furieuse. Voici le Japon, avec une population supérieure à la nôtre (plus de 42 millions), et dont les coups d'essai dans la lutte des peuples étonnent l'univers.

Voici l'Inde et la Chine qui s'ébranlent, dans leurs profondeurs inépuisables, frappant d'inquiétude même les Anglais de Liverpool et de Manchester, près de s'épouvanter de la semence qu'ils ont jetée, et se demandant ce que sera leur industrie jusqu'ici invincible et invaincue le jour où sept cents millions de travailleurs et de concurrents nouveaux entreront dans la lice, contre ceux qui furent leurs maîtres et exploitèrent si longtemps leurs ressources.

En quel temps, dans le passé, les hommes virent-ils jamais spectacle comparable à celui qui frappe nos yeux?

Nos grands-pères vécurent sur une terre où 80 à 100 millions d'hommes environ représentaient l'humanité civilisée, les nations qui se livraient bataille, sanglante ou pacifique, pour l'hégémonie, pour la gloire, pour la richesse ; et le peuple heureux et puissant dont ils faisaient partie comptait à lui seul pour le quart de cette immense assemblée de rivaux, parmi lesquels aucune famille nationale ne l'égalait en importance et en nombre.

La deuxième génération issue de leurs flancs n'est pas éteinte : elle ne reconnaît plus le monde dont elle apprit la description dans les récits de son enfance et dans les leçons de sa jeunesse. C'est d'un pôle à l'autre du globe que s'étend aujourd'hui le champ de bataille, et les armées aux prises, avec lesquelles il faut livrer, sans trêve et sans merci, la lutte pour le pain de chaque jour, comptent déjà plus de 600 millions de combattants, — en attendant l'instant prochain où ce nombre sera plus que doublé par l'intervention active de l'Asie orientale.

Ah ! ce n'est pas l'heure de gémir, ni de contempler, de dormir ni de gaspiller ses forces, ni de livrer le sort de la patrie à l'ignorance, à l'égoïsme, à la fureur aveugle et mortelle des sectaires !

Et ce n'est pas l'heure, non plus, d'oublier que le premier élément de force pour les nations, que l'outil le plus puissant, le capital le plus précieux et le plus fécond, c'est l'homme lui-même (1).

(1) *Figaro* du 2 avril 1896

« IL FAUT FAIRE QUELQUE CHOSE »

C'est la formule à la mode. Elle mène le monde. D'un ton résolu chacun répète : « Il faut faire quelque chose ! » Où la difficulté commence, c'est lorsqu'il s'agit de déterminer la scène à faire.

Plus on cherche, plus on s'efforce : plus on échoue, plus on s'aperçoit que ce qui est proposé comme une nouveauté et une réforme est une vieillerie usée, fripée, jetée dans la « poubelle » par nos prédécesseurs qui, expérience faite, n'en voulurent plus, et bien inférieure à ce que nous avons.

Est-ce à dire que ce que nous avons est sans défaut et vaut un long poème? Nullement. Ce que nous avons est œuvre humaine, et, par conséquent, imparfaite. Rien de plus aisé que d'y relever maintes erreurs; mais on aperçoit au premier coup d'œil plus d'inconvénients encore et de bien plus graves aux merveilles qu'on nous apporte.

Or, qu'on change pour avoir mieux : d'accord. Qu'on change pour avoir pire : jamais!

Helmhotz, le plus grand physicien peut-être de notre époque, ce vaste esprit qui se montra également supérieur dans tous les domaines où il porta sa pensée, a publié sur l'œil de l'homme, considéré au point de vue des règles de l'optique, un travail des plus curieux, où il prouve combien cet organe est mal construit, et qu'il termine par cette conclusion :

« Si j'avais commandé à un opticien un instrument destiné à la vision et qu'il m'eût livré l'œil, je me serais empressé de le lui renvoyer, en le refusant! »

Et le lecteur qui a suivi la démonstration est forcé de reconnaître que le jugement d'Helmhotz n'a rien que de juste; mais il se garde bien de se crever les yeux, pour les remplacer par des lunettes. Helmhotz, lui-même, n'y songea pas davantage et conserva soigneusement l'organe si défectueux qui lui avait pourtant permis de voir ses propres imperfections.

L'expérience, les leçons de la vie, l'étude des institutions en usage chez les autres peuples, observées non point à travers les livres, où elles subissent les plus incroyables réfractions, mais sur place, telles qu'elles sont réellement, nous apprennent que les artisans à qui nous devons tout ce qui nous sert n'étaient point si sots que le proclama d'abord notre jeune orgueil, et nous inspirent, pour peu que nous ayons de bon sens et de sincérité, quelque patience et quelque modestie.

Mais allez donc dire cela à des gens qu'on a, depuis des années et de plus en plus, poussés, excités, surexcités, chauffés à blanc! On leur a persuadé non-seulement que tout est mauvais, détestable, exécrable, mais que rien n'est plus aisé que de tout refaire, en un clin d'œil, de la cave au grenier. Un vote. Des bulletins de carton dans une urne de fer-blanc. Une page de papier noirci dans le *Bulletin des lois*. Et voilà le monde transformé, la misère supprimée, la douleur vaincue; la méchanceté humaine, la paresse, l'envie, la vanité, l'ambition, tous les maux qui nous désolent évanouis; la justice, le bonheur, la paix, l'amour, régnant sans partage parmi les hommes!

Il est fâcheux que ce rêve de malade soit si cruellement démenti par toute l'histoire des progrès de l'humanité.

Ce ne sont point les lois, les constitutions, les gouvernements qui nous ont permis de sortir peu à peu des cavernes primitives, de lutter avec une force grandissante contre les maux éternels qui nous affligent. C'est l'effort individuel. C'est la science, fille libre de l'esprit. L'ancêtre inconnu qui découvrit le feu fit plus pour le bonheur du genre humain que tous les fabricateurs de codes de toutes les écoles de droit de l'univers.

Ne cherchons donc point où il ne saurait être le secret du bonheur et l'instrument du progrès. Le rôle du gouvernement n'est pas de conduire la société, mais de lui assurer la paix et l'ordre : le reste, c'est l'affaire de la liberté, du travail, de l'intelligence, de la conscience de chacun.

Le mot de Pascal n'est pas moins vrai dans l'ordre politique que dans l'ordre moral : le gouvernement qui veut faire l'ange fait la bête. Il ne faudrait pas remuer de trop lointains souvenirs de notre propre histoire, pour en trouver les plus horribles et les plus sanglants témoignages. Laissons donc au gouvernement sa tâche, qui est de nous permettre d'accomplir librement et sous notre pleine et unique responsabilité la nôtre, et ne lui imposons pas notre propre besogne : ce serait le moyen le plus sûr que tout fût le plus mal fait possible.

Il suffit pour s'en convaincre de regarder, par exemple, ce que sont devenues nos finances publiques, depuis que les préoccupations nouvelles ont pénétré dans les cervelles qui sembleraient devoir en être le plus sûrement préservées.

A force de vouloir « réformer » les impôts de fond en comble, créer de toutes pièces un nouveau système, on n'a réalisé aucune des améliorations de détail qui seraient possibles et utiles, mais qui manqueraient de l'éclat théâtral auquel seul on s'attache. Je ne parle pas ici des nouveaux projets de M. Cochery, que je ne connais pas suffisamment puisqu'ils ne sont pas déposés.

En revanche, on a poussé si loin les dépenses que nous touchons au fond de la bourse. Dix grandes années se sont écoulées depuis que les parlementaires de l'école abandonnée signalaient avec force la nécessité d'arrêter le flot montant des budgets, d'entreprendre la diminution de la Dette, d'écarter inflexiblement toute cause de dépenses nouvelles. On a précisément fait le contraire, et l'on s'efforce, à qui mieux mieux, de continuer cette gageure, sans le moindre souci du dénouement inévitable qui nous attend.

Mais quoi? Se contenter du raisonnable et du possible, ce ne serait point là « faire quelque chose. » Et il faut « faire quelque chose! » Quelque chose de grand, bien entendu; de retentissant, d'éclatant, de prodigieux, qui frappe l'imagination des foules, qui reste dans la mémoire des générations futures comme une manifestation colossale de la puissance de notre génie!

Foin de cette politique de gagne-petit! de cette administration financière à la pot-au-feu! Il nous faut du gigantesque et du formidable. Notre fonction est d'être énormes. Mais tandis que nos mégalomanes de la démagogie socialiste poursuivent leurs vastes pensers, ils laissent se compliquer et se multiplier les difficultés, de sorte que les maux qu'ils prétendent guérir deviennent de plus en plus graves et pressants, à mesure que les moyens d'y remédier s'amoindrissent.

Naguère, alors que notre dette publique consolidée se présentait sous la forme des emprunts primitivement contractés en 1871 et en 1872, on se promettait monts et merveilles des bénéfices de la conversion future. On escomptait éloquemment les bénéfices qu'elle procurerait. Tels députés, élus par des populations rurales, promettaient de dégrever l'impôt foncier. Tels autres, élus par des ouvriers, s'engageaient à créer une opulente caisse des retraites qui fournirait gratis des pensions à tout le monde.

Les gens de bon sens s'écriaient : « Mais tout cela est impossible ! Le seul emploi à faire des ressources que la conversion fournira au Trésor, c'est d'amortir la Dette, cette dette formidable, la plus lourde du monde, qui paralyse tout notre corps social ! »

La conversion est venue. La rente 5 pour 100 a fait place à la rente 4 1/2. La rente 4 1/2 a fait place à la rente 3 1/2. La première opération, substituant 306 millions seulement d'arrérages à 348, fournit ainsi une disponibilité de 42 millions. La deuxième, en 1893, substituant 237 millions à 306, apporta une nouvelle disponibilité de 69 millions. C'était donc, ensemble, une économie de 111 millions, que nous devrions retrouver aujourd'hui dans le budget, diminué au moins de ces 111 millions sur les rentes à payer chaque année aux créanciers de l'État par ces malheureux contribuables, pour lesquels les « réformateurs » professent en parole un si violent amour.

Les chapitres de la dette consolidée, qui s'élevaient avant les conversions à 743 millions, devraient donc s'élever aujourd'hui seulement à 632 millions.

Ils atteignent 693 millions!

C'est-à-dire que nous avons mangé le capital de 61 millions de rente, sur les 111 diminués, et que nous avons grossi d'emprunts nouveaux équivalents la dette consolidée.

Aux chapitres de la dette remboursable, les sommes représentant les intérêts ont augmenté; celles affectées à l'amortissement ont diminué. C'est la marche inverse de celle qu'il faudrait suivre.

Notre dette viagère? Elle menace de rivaliser avec la dette consolidée. Il semble qu'une moitié de la France n'aura bientôt plus d'autre fonction que de travailler pour pensionner l'autre moitié.

Au commencement de la Restauration, après les guerres de la Révolution et du premier Empire, la dette viagère atteignait annuellement 74 millions; elle alla, par l'effet du temps, diminuant d'année en année, à mesure que la mort accomplissait son œuvre. Elle n'atteignait plus que 55 millions en 1848. Par la loi sur les pensions civiles de 1853, par les guerres de Crimée, d'Italie, etc., elle avait monté à 85 millions en 1869.

La guerre de 1870 la porta à 123 millions — chiffre du budget de 1877.

Nous sommes aujourd'hui à 228 millions!

Et pour peu qu'on donne carrière aux « réformateurs », ce chiffre sera vite triplé, en attendant qu'il atteigne le milliard.

Le peuple français a fait la Révolution de 89 parce qu'il payait trop d'impôts : l'idéal des « réformateurs » contemporains, c'est de lui prendre, par l'impôt, tous les produits de ses efforts. On entasse lois sur lois, non point pour alléger le contribuable, pour rendre le travail national plus libre et plus fécond en diminuant le fardeau fiscal qui l'oppresse, mais pour en augmenter incessamment la masse et la pesanteur.

Par ces lois nouvelles, d'après le compte établi par la Commission des finances du Sénat, les « réformateurs » ont augmenté les dépenses du budget de l'État :

En 1890, de. . . . . 48 millions;
En 1892, de. . . . . 89 millions;
En 1894, de. . . . . 115 millions;
En 1895, de. . . . . 164 millions!

Bien d'autres lois sont en projet, élevant considérablement ces chiffres. Et voilà ce qu'on appelle « faire quelque chose! »

Continuez, mes frères. Vous nous conduirez au jour où l'on sera vraiment, bon gré mal gré, forcé de « faire quelque chose » : réaliser l'article premier du programme socialiste-révolutionnaire en décrétant la sainte banqueroute! (1)

(1) *Figaro* du 29 mai 1896.

LE MONOPOLE DE L'ALCOOL

I

LA LEÇON DU TABAC

Il a fallu dix ans pour qu'on s'en occupât. La question valait pourtant la peine d'être tirée au clair. Huit cents millions de plus dans le budget, pour amortir la dette qui nous écrase, ou pour supprimer des impôts de valeur correspondante; la santé publique, l'avenir de la race compromis par l'abus d'alcools impurs, véritable poison répandant de proche en proche la folie, le crime, la mort, sauvés au contraire par l'usage d'alcools débarrassés des principes qui les altèrent et les rendent si funestes : — tel était, tel est encore le programme des partisans du monopole de l'alcool.

Et le système ne se présentait pas comme une chimère, ni sans grave patronage. Il avait fonctionné en Russie. Les physiologistes, les chimistes les plus autorisés soutenaient que les ravages de l'alcool sont dus aux impuretés résultant [d'une distillation imparfaite et qu'ils ne sauraient être produits par l'alcool éthylique pur ($C^4 H^6 O^2$, disent les Lavoisiers).

Il fallait donc mettre au plus tôt à l'étude une telle question, savoir définitivement à quoi s'en tenir.

M. Rouvier, ministre du commerce, nomma bien une Commission spéciale, en 1887, pour examiner les réformes à introduire dans le régime des boissons, mais le monopole de l'alcool fut écarté systématiquement. Il n'en mourut pas, au contraire. Il est revenu devant la Chambre actuelle, qui a demandé au gouvernement de faire ce qui ne l'avait pas encore été, et nous saurons bientôt, à coup sûr, le résultat de l'enquête approfondie à laquelle M. Cochery a fait procéder.

En attendant, il est nécessaire d'indiquer dans quelles conditions le problème se pose. Avocats et adversaires du monopole de l'alcool font en effet un peu trop bon marché, réciproquement, des motifs à l'appui de l'opinion qu'ils combattent.

« J'ai cherché la vérité, sans parti pris, disait

Locke, et je suis allé où elle m'a conduit. »

Imitons-le.

Tout d'abord, écartons résolument la fin de non-recevoir opposée par certains économistes au monopole de l'alcool parce qu'il est un monopole.

« Monopole » n'est pas plus une raison contre que « tarte à la crème » n'est une raison pour. Un monopole en faveur de l'Etat est en faveur de tout le monde, de tous les contribuables, de tous les citoyens, et, par conséquent, n'est plus un monopole, puisque chacun en profite.

Toute la question est de savoir d'abord s'il y a profit, ou profit suffisant; c'est une balance à établir entre les avantages et les inconvénients, entre les bénéfices et les charges; — puis, de savoir s'il est possible d'organiser le système et dans quelles conditions.

Ce programme paraît simple; il tient en cinq ou six lignes : c'est tout un chaos à débrouiller. Nous avons heureusement la bonne fortune de posséder déjà un monopole d'Etat en plein fonctionnement, en pleine prospérité; c'est le monopole du tabac, qui semble fait exprès non seulement pour nous procurer *un million* de recettes *par jour* sans gêner personne, mais encore pour nous fournir sur notre problème les lumières les plus précieuses.

Sans doute le tabac et l'alcool ne sont pas produits, exploités, consommés dans des conditions identiques, mais les différences seront ici aussi instructives que les ressemblances.

Personne aujourd'hui ne conteste sérieusement les services du monopole du tabac; il n'est pas d'impôt plus productif pour le Trésor, plus commode à percevoir, moins onéreux pour le contribuable, qui ne le paye que s'il le veut et dans la mesure où il le veut. Il le paye même agréablement; car c'est par plaisir, paraît-il, — pour eux-mêmes, sinon pour leurs voisins, — que les fumeurs répandent dans les airs ces nuages légers et nauséabonds, qui retombent en pluie d'or dans les caisses de l'État.

Mais cette heureuse situation n'a pas été obtenue sans luttes ni vicissitudes!

Toutes les objections formulées aujourd'hui avec tant de force contre le monopole de l'alcool le furent jadis contre le monopole du tabac, — à la lettre, mot pour mot.

Et tous les motifs qui déterminèrent le monopole du tabac furent, identiquement, ceux qu'invoquent aujourd'hui les partisans du monopole de l'alcool.

A l'origine, l'usage de *l'herbe à la Reine*, après avoir été libre de toute taxe et de toute formalité pendant plus de soixante ans, fut soumis seulement à un droit de douane. Le premier impôt, du 17 novembre 1629 — (on voit bien que ce tyran de Richelieu venait de recevoir le titre de premier ministre et de surintendant du commerce) — fut de 30 sols par livre sur les tabacs étrangers; ceux des colonies françaises restant exempts, afin d'encourager leur culture.

Qu'arriva-t-il?

Quelquefois 30 sols, mais plus souvent la contrebande; la fraude sous mille formes. Le Pallain de l'époque y perdait son latin. Il fallut taxer aussi les tabacs de nos colonies, avec une différence cependant : 13 livres par quintal sur les tabacs étrangers, et 2 livres sur les tabacs coloniaux.

A l'intérieur, le commerce et la culture du tabac étaient libres.

Naturellement, un tel régime ne pouvait qu'échouer. Il était contradictoire. On finit par s'en apercevoir, au bout de quarante-cinq ans, à la lumière du Roi-Soleil; et l'édit du 27 septembre 1674 défendit aux particuliers le commerce du tabac, en réservant à l'État le droit de fabrication et de vente.

La *culture* seule restait libre.

Le monopole paraissait ainsi établi. Suivant l'habitude du temps, l'Etat en concéda l'exploitation à un fermier général, pour six années, moyennant 500,000 livres par an les deux premières années, et 600,000 livres par an les quatre suivantes.

Qu'arriva-t-il encore?

La culture étant libre, chacun se hâta de cultiver son tabac, pour priser, — ou pour fumer, ainsi que l'on commençait seulement de le faire, à l'imitation de sir Walter Raleigh : — oh! ces Anglais!

Et la ferme générale ne perçut rien!

La logique ne perd jamais ses droits. On voulait le monopole qui, seul, d'ailleurs, pouvait procurer à l'Etat les ressources dont il avait besoin et qu'il demandait au tabac : eh bien! il fallait tout le monopole, — parce que, par la moindre fissure, tout l'impôt s'en allait, — comme l'eau, dans un vase fêlé, s'écoule d'autant plus qu'elle est plus comprimée.

Et l'édit du 14 mars 1676 vint compléter celui de 1674, en interdisant la culture du tabac comme sa vente et sa fabrication. Dans certaines généralités, cependant, spécialement désignées, la culture resta autorisée.

Alors l'impôt rentra. Alors aussi l'Etat éleva le prix de la ferme. Ce fut d'abord 1,500,000 livres, au lieu de 600,000. Puis 2,000,000 de livres. Puis 2,200,000. Puis 4,200,000. La mer montait toujours.

Les théoriciens sont têtus. Croiriez-vous que l'homme aux systèmes par excellence, Law, imagina de renoncer au monopole et de revenir à la simple taxe de douane?

Cette « réforme » fut l'objet de l'arrêt du 29 décembre 1719.

Vous connaissez le dénouement. Law, son « Système », sa Banque, sa Compagnie, tout croula; — et l'on fut trop heureux de reprendre le monopole et de le codifier en quelque sorte définitivement par le Règlement du 1er août 1721, qui ramena les recettes, non sans besoin, dans les coffres de la monarchie.

Et la progression reprit sa marche, si bien que la Révolution de 1789 trouva le produit de la ferme du tabac à 32,000,000 de livres !

On était loin des 500,000 livres du début.

Cela ne pouvait durer. Un tel régime, un « monopole », un si monstrueux attentat à la liberté du commerce, aux Droits de l'Homme et du Citoyen, dans un siècle de lumières, quand on affranchissait le monde ? Il fallait se hâter de revenir aux vrais principes et de proclamer la liberté de l'industrie, du commerce et de la culture du tabac !

En vain Barnave, l'abbé Maury, Cazalès, Mirabeau lui-même, avec la puissance de son formidable bon sens, s'efforcèrent de montrer à l'Assemblée constituante quelle faute elle allait commettre, de quelles ressources elle allait priver le budget, sans aucun profit possible à mettre en balance : les banalités déclamatoires de Pétion, la courtisanerie électorale, qui déjà commençait ses exploits, l'emportèrent sur l'évidence, sur l'intérêt de l'État le plus certain ; — le décret du 4 mars 1791 supprima l'affreux monopole.

La liberté ne remplissait pas la caisse. On établit de nouveau un droit d'entrée sur les tabacs exotiques. Nouvelles fraudes ; nouveaux déficits. On augmente les droits. Ils rendent d'autant moins. On se décide alors, le 22 brumaire an VII, pour un droit de fabrication sur les tabacs étrangers et indigènes, le commerce, la culture, la fabrication restant libres.

Autant en emporte le vent! Plus on impose, plus cette matière subtile échappe à l'impôt, plus chacun s'approvisionne soi-même, bravant ainsi tout contrôle, plus des « spécialistes » s'ingénient à frauder pour réaliser des bénéfices en quelque sorte créés par la loi, — plus l'impôt s'en va en fumée : c'est le cas de le dire.

Enfin, Malherbes vint... Par une loi du 30 avril 1806, Napoléon organise la surveillance et l'exercice de tous les fabricants et de tous les débitants de tabac, qu'il soumet en même temps à une licence spéciale.

Mais la culture restait libre. Napoléon Ier voyait vite et faisait vite. Le 29 décembre 1810 un décret impérial rétablissait intégralement le monopole — pour la troisième fois démontré nécessaire par l'expérience — et, cinq ans après, les tabacs rendaient 40 millions par an à l'Etat!

Mais quoi! C'était l'Usurpateur, l'Ogre de Corse, Buonaparte enfin, qui avait ainsi, de sa propre autorité, brutalement, remis en vigueur un système qui devait, il est vrai, son origine à l'ancien régime, mais que la main du tyran avait déshonoré!

Et les « Introuvables » de chercher à supprimer à leur tour le monopole, à l'instar de simples Pétions!

Le baron Louis lui-même, le clairvoyant et sage financier par excellence, — dès la première Restauration, en octobre 1814, — avait donné le signal qu'on devait suivre plus tard si violemment, en 1816, en 1819, et avait condamné « le monopole, auquel on n'aurait jamais dû recourir ».

Mais la raison ne devait pas tarder à reprendre son empire sur un homme aussi sincère, aussi désireux des solutions utiles. Revenu au ministère des finances, oubliant les Cent-Jours, le baron Louis n'hésita point à abandonner son opinion de 1814, et à soutenir, en 1819, la nécessité de continuer l'œuvre de Napoléon.

C'est lui qui proposa résolument le maintien, le renouvellement du monopole des tabacs, dans son projet de loi du 8 décembre 1818. C'est lui qui le fit défendre, dans un rapport remarquable, par son directeur général des contributions indirectes, — M. de Barante, s'il vous plaît! — C'est lui-même qui le justifia, avec une force irrésistible, à la tribune de la Chambre des pairs, le 13 avril 1819, en y portant la loi qui avait triomphé brillamment devant la Chambre des députés, trois jours auparavant, par une majorité de 140 voix contre 78.

Les raisons données en faveur du monopole? Ce sont les mêmes qui avaient décidé Louis XIII, Louis XIV, Louis XV, Mirabeau, Napoléon Ier; les bénéfices énormes résultant de la fraude surexcitent la fraude, et la surveillance est *matériellement impossible* dans le cas où le commerce du tabac est une industrie abandonnée aux particuliers, même avec réglementation, même avec l'exercice. Il faut donc le monopole. Mais le monopole ne peut exister à demi. Il faut qu'une porte soit ouverte ou fermée. Le monopole de la vente implique le monopole de la fabrication et la réglementation absolue de la culture. Sans cela, il n'y a plus de monopole; partant plus de recettes, partant plus d'impôt.

C'est jugé, archijugé par une triple expérience! Quant aux avantages que l'Etat retire du monopole, ils sont tellement considérables qu'on ne saurait opposer tel ou tel intérêt privé, d'ailleurs fort contestable.

Ainsi parla le baron Louis, après ses illustres et souverains modèles.

Depuis, le monopole du tabac, jaloux de mériter la confiance que lui témoignèrent tant de grands personnages, et malgré quelques tentatives timides de nouvel assaut, n'a fait que croître et embellir. Il n'en est plus aux 40 millions par an de 1819, mais à 381,113,500 francs pour le prochain budget! Vos cigares, vos cigarettes et vos pipes, messieurs, payent presque le budget de la guerre!

Et qui en souffre? Qui s'en plaint?

Voilà le roi des impôts, le tsar des impôts!

Et uniquement par le Monopole, grâce au Monopole! Sans lui, adieu les millions!

Voilà donc la leçon fournie par le Tabac, — plante importée d'Amérique, dont la culture, en France, n'avait jamais occupé, avant l'établissement du Monopole, plus de 14,000 hectares, et dont la fabrication ne se pratiquait que dans 300 usines, lorsque Napoléon rendit le décret de 1810.

Ne vous hâtez donc pas trop de conclure. Auparavant il faut tout voir, — et nous verrons le reste.

II

« L'ESPRIT DES LOIS » ET LES ALLUMETTES

L'histoire du monopole du tabac fait ressortir quelques règles qu'on peut tenir pour des axiomes en matière d'impôts, et notamment les suivantes :

1° De simples taxes sur un objet de consommation ne peuvent jamais rapporter, toutes choses égales d'ailleurs, les revenus que procure à l'Etat le monopole de la fabrication et surtout de la vente de cet objet;

2° Les moyens de perception et de surveillance étant beaucoup plus certains et plus précis sous le régime du monopole que sous le régime de l'impôt, la fraude y devient beaucoup plus difficile, sinon impossible;

3° Une condition *essentielle*, *nécessaire* du monopole, c'est le droit pour l'Etat de limiter, de réglementer la production des matières soumises au monopole, conformément à la quantité que les manufactures ou les magasins de la régie peuvent employer ou livrer à la consommation.

On peut même considérer cette dernière règle comme la plus importante de toutes, comme la clef du monopole. Le baron Louis l'avait admirablement compris — après Napoléon et après les auteurs de l'édit de 1721 — et il faut voir, dans le rapport spécial lu à la Chambre des députés le 9 janvier 1819, avec quelle précision et quelle clarté M. de Barante met en relief cette vérité.

Il est un autre principe, un autre axiome de la géométrie fiscale, qu'il faut ici rappeler, qui résulte de toutes les tentatives et de toutes les expériences, et que Montesquieu — (eh ! oui, Montesquieu, dont vous ne pourriez aujourd'hui prononcer le nom à la tribune du Palais-Bourbon sans faire tordre de rire les grands hommes qui composent la minorité qui terrorise la majorité) — avait nettement aperçu et formulé : c'est que le monopole devient inévitable lorsque la taxe dépasse de beaucoup la valeur de l'objet taxé.

« ... Pour que le prince — dit-il — puisse lever un droit si disproportionné à la valeur de la chose, il faut qu'il vende lui-même la marchandise et que le peuple ne puisse l'aller acheter ailleurs... »

Ce que Montesquieu regrette, d'ailleurs, et déclare sujet à mille inconvénients; mais solution forcée, si l'on veut maintenir et percevoir la taxe.

Vous vous apercevez, n'est-ce pas? que nous commençons à voir clair dans la question, puisque nous déterminons les « lois » d'après lesquelles nous aurons à raisonner pour résoudre le problème du monopole de l'alcool, et que ces lois sont obtenues par la bonne méthode, non point *a priori*, mais d'après l'observation et l'expérience.

Du reste, voulez-vous les voir une fois de plus surgir toutes seules d'une autre démonstration plus récente? Rien n'est plus aisé.

Regardez l'histoire du monopole des allumettes.

Ah! ne vous récriez pas! Il ne s'agit point de savoir si les allumettes de la régie sont bonnes ou mauvaises, mais bien de savoir *pourquoi* et comment l'État a été conduit au monopole de la fabrication et de la vente des allumettes.

Ce n'a pas été de bon cœur, ni systématiquement, mais *malgré lui* : — parce que le monopole était devenu le seul moyen pour lui de percevoir l'impôt.

Il fallait ou renoncer à l'impôt — et le budget ne pouvait se passer de ses produits — ou établir le monopole, afin de percevoir l'impôt.

C'était après la guerre de 1870. L'Assemblée

nationale cherchait partout des ressources pour subvenir aux charges formidables résultant de l'invasion et de la défaite. On imposait tout : l'huile, le papier, les voyageurs, la bougie, les valeurs mobilières, le sucre, le café, etc. On imposa les allumettes. On ne tenta point le monopole. On resta soigneusement dans la pratique générale des contributions. M. Thiers, chef du pouvoir exécutif, comme on disait alors ; M. Pouyer-Quertier, ministre des finances ; M. Bocher, le si distingué, si éloquent parlementaire que regrettent au Sénat tous les partis, et qui fut un des plus brillants rapporteurs de la Commission du budget de 1871, — personne, absolument personne n'eut même l'idée du monopole des allumettes.

Je me trompe : on n'en parla que pour le repousser dédaigneusement.

M. Bocher, dans son rapport, mentionne bien que certains fabricants, désireux de se faire exproprier et grassement payer, avaient indiqué que l'Etat devrait s'emparer de leur industrie et l'exercer lui-même, — mais il se hâte d'écarter sans examen un tel système.

« Les motifs qui s'opposeraient aujourd'hui — dit-il — à l'exécution d'un pareil projet n'ont pas besoin d'être développés... Aussi la Commission n'a-t-elle pas cru devoir s'arrêter à cette proposition. »

Et la loi du 4 septembre 1871 frappa purement et simplement les allumettes d'une taxe de 1 centime et demi, 3 centimes, 5 centimes, etc., par paquet de 50, ou de 100, suivant les circonstances.

Cette taxe, d'après le gouvernement et la Commission, devait rapporter au Trésor environ 10 millions, — et même plus, avait dit M. Bocher.

Or, cette taxe de 1 centime et demi à 5 centimes, suivant les cas, représentait 300 à 400 pour 100 de la valeur de la marchandise imposée! C'était une proportion formidable, sans exemple parmi les autres matières frappées. Un tel impôt rentrait à coup sûr dans la catégorie de ceux rangés par Montesquieu sous la bannière du monopole. Un prophète se rencontra descendu du Sinaï de la Croix-Rousse de Lyon, M. Ducarre — vieux républicain avec qui nous avions lutté sous l'Empire, aux temps chauds, — esprit vigoureux, indépendant, fort cultivé, d'un rare courage, — qui n'hésita pas à prédire le sort du nouvel impôt.

Etant données les conditions de fabrication et de vente des allumettes, dit-il, votre impôt ne fera qu'engendrer une « fraude à outrance ». Vos moyens de surveillance, de contrôle, de répression seront tout à fait impuissants. Par conséquent, « vous êtes condamnés à faire des allumettes chimiques un monopole comme celui du tabac ! » Et M. Ducarre conclut non pas en faveur du monopole, mais contre l'impôt. C'était logique.

On ne l'écouta point.

Ce qui doit arriver arrive à l'heure dite. L'impôt ne rendit rien. La fraude déjoua tous les calculs, toutes les ruses du fisc.

Nouvelle loi, le 22 janvier 1872.

Nouveau projet de loi, le 10 mai 1872, présenté par M. de Goulard, ministre des finances.

Mais avant même que ce second projet eût été discuté, l'invincible force des choses triomphait, et M. de Goulard déposait, le 25 juillet 1872, un quatrième projet de loi depuis et y compris celui de 1871, tendant à attribuer exclusivement à l'Etat l'achat, la fabrication et la vente des allumettes chimiques. C'était le monopole, formulé par Montesquieu et prédit par M. Ducarre !

Lisez la discussion, vous qui n'êtes point des vieillards qui l'ont entendue. Elle est curieuse, elle s'applique mot pour mot, sur une foule de parties, à la question de l'alcool, à la fraude dont on se plaint, aux bouilleurs de cru. Elle jalonne avec une précision parfaite une portion de la route que nous avons à parcourir aujourd'hui.

« Pourquoi l'impôt sur les allumettes, qui devait produire plus de 10 millions d'après les évaluations de 1871 — plus de 15 millions, d'après les calculs, pour le budget de 1872 — n'a-t-il produit que 400,000 francs par mois à peine, soit moins du tiers du rendement escompté ?

» Parce que l'écart entre l'impôt et la valeur de la marchandise est tel que la fraude trouve ainsi un bénéfice énorme à violer la loi. Il n'est pas d'industrie plus facile, plus productive que de s'approprier l'impôt sur les allumettes, en les fabriquant ou en les vendant en contrebande.

» Et rien de plus simple, de plus commode même en voyage que cette fabrication ou cette vente, sous le régime de la liberté. Il n'est pas de « vignette », pas de « bande de papier » qui tienne. On fabrique des allumettes partout, dans toutes les villes, dans tous les chefs-lieux de canton, dans tous les villages, dans tous les hameaux. Il faudrait des millions d'agents de la régie pour surveiller !

» Si le Trésor perd tout, le public ne gagne rien. On lui vend des allumettes déplorables, fabriquées au coin d'un bois, dans une mauvaise marmite, avec un peu de phosphore, et il les paye plus cher qu'auparavant, même en contrebande, parce que le fraudeur prélève au moins partiellement l'impôt.

» Ainsi, perte et dommage pour tout le monde. »

Tel est le résumé du débat de juillet 1872, qui se termina par le vote du monopole des allumettes (conformément au rapport de M. Caillaux) par une majorité de 317 voix contre 161 ; — majorité dans laquelle se trouvèrent des conservateurs comme MM. de Broglie et de Bonald, de vieux républicains comme MM. Duclerc, Léon Robert, Testelin, des économistes libéraux comme MM. Henri Germain, Flotard, Jules Simon, et même — ô souverains pontifes de la science sacrée, voilez-vous la face ! — M. Wolowski ! — M. Wolowski, l'économie politique incarnée.

Voilà, j'imagine, des preuves suffisantes qu'on peut adopter un monopole d'Etat, s'il est nécessaire et possible, sans être révolutionnaire ni socialiste, et nous pouvons désormais considérer le terrain de la discussion actuelle sur le monopole de l'alcool comme débarrassé de ces broussailles qui ne font que rendre impossible un examen sérieux.

Quant au résultat du monopole des allumettes, vous le connaissez : il n'y a plus de procès, plus de vexations, plus de difficultés, et l'impôt, qui ne rendait pas 5 millions, rend aujourd'hui au Trésor, sous forme de monopole, un produit brut de 28 millions et un bénéfice net de près de 21 millions.

Et pourquoi ?

Encore une fois, parce que le monopole établi est vraiment un monopole, permettant à l'Etat de mesurer la production aux besoins (puisqu'il produit lui même), et lui assurant l'intégralité des bénéfices intermédiaires, puisqu'il est seul à pouvoir vendre.

La démonstration déjà faite par le tabac, ainsi confirmée par les allumettes, peut donc être considérée comme définitive, et les règles que je rappelle au début de ces lignes nous guideront désormais sûrement.

Mais il faut les compléter.

La Russie va nous fournir de précieux renseignements, — et qui surprendront bien des gens.

III

LA RUSSIE, LA SUISSE ET LES « MASTROQUETS »

Les partisans du monopole de l'alcool en France tirent grand argument du succès de ce système en Russie. Ont-ils raison? ont-ils tort? Vous allez le dire vous-mêmes, lorsque vous aurez vu pourquoi et comment le monopole a été organisé en Russie.

Pourquoi?

Est-ce pour obtenir des ressources financières nouvelles et considérables, permettant de supprimer tels ou tels impôts considérés comme mal établis?

Nullement.

Le vrai, le seul motif fut *la suppression des cabarets!*

Et ce motif se trouve en même temps la condition essentielle, le grand ressort du monopole.

C'est uniquement pour supprimer les cabarets que l'empereur Alexandre III a décrété le monopole de l'alcool — et c'est uniquement parce qu'il a supprimé les cabarets qu'il a pu faire fonctionner le monopole.

Vous voyez que je vous indique tout de suite la thèse — qui est bien différente de tout ce que vous avez lu jusqu'à présent dans les journaux qui ont traité le sujet. Et maintenant je la prouve.

Je me trompe : c'est M. le ministre des finances de S. M. l'Empereur et Autocrate de toutes les Russies, l'honorable et éminent M. S. Witte, qui va lui-même faire la preuve.

Dans le rapport officiel qu'il rédigea sur le budget de l'empire pour l'exercice 1895, il rappelle en effet les origines de l'établissement du monopole de l'alcool, qui devait fonctionner, pour la première fois, pendant cet exercice.

L'attention de S. M. Alexandre III, dit-il, s'était spécialement portée, dès le début de son règne, sur les ravages de l'alcoolisme. Jamais on n'avait entendu de plaintes aussi vives, aussi générales sur l'ivrognerie des classes inférieures et sur « la désorganisation de l'état moral et matériel des populations » qui en résulte, dans les campagnes surtout. Le défunt empereur mit donc à l'étude le moyen de porter remède à une si fâcheuse situation, et de longues conférences aboutirent à la loi du 14 mai 1885, créant des fonctionnaires spéciaux chargés de veiller à la moralisation du commerce des spiritueux, et favorisant les magasins d'eau-de-vie à « porte-pots » aux dépens des cabarets où l'on consomme sur place, afin de changer les habitudes populaires et de diminuer la consommation.

(C'est la loi que je vis fonctionner en Russie, lorsque j'y allai étudier une première fois la question de l'alcool, en 1886, et dont le ministre des finances d'alors, M. Wischnégradski, eut l'obligeance de m'exposer lui-même tous les détails. Je me souviens que je pris la liberté de lui témoigner quelque incrédulité sur le succès de cette loi. L'événement justifia mon scepticisme. La loi échoua.)

Devant cette impuissance du nouveau système et devant les progrès de l'ivrognerie, Alexandre III, se pénétrant de plus en plus de la conviction qu'il fallait procéder à une réforme radicale, résolut de substituer au régime de l'impôt celui de *la vente directe des spiritueux par les agents du fisc* et ordonna d'appliquer d'abord le monopole aux provinces de Perm, d'Oufa, d'Orenbourg et de Samara, — puis, s'il réussissait, à vingt-cinq autres provinces du Sud, du Sud-Ouest, du Nord-Ouest et du royaume de Pologne. Ce monopole — dit M. S. Witte — de la « vente directe des boissons alcooliques, *tant en gros qu'en détail*, donnera au gouvernement des armes réelles pour lutter contre les abus, *sauvegarder les bonnes mœurs*, empêcher la ruine des populations et protéger la santé publique ».

Voilà le secret du système ! Je doute qu'il soit fait pour recruter de nombreux partisans au monopole de l'alcool en France, parmi la clientèle électorale des « réformateurs » professionnels. Mais poursuivons l'examen du rapport de M. Witte.

On ne saurait — continue-t-il — se dissimuler les immenses difficultés pratiques qu'il faudra vaincre pour créer de toutes pièces la nouvelle organisation. Il est hors de doute que la mise en œuvre du monopole des spiritueux constitue un des problèmes les plus ardus. Il met l'administration en contact immédiat avec des intérêts économiques si divers, avec des aspects si variés de la vie sociale, que « le nouveau système, sous sa forme idéale, ne pourra jamais être entièrement réalisé ». Quoi qu'il en soit, même sous la forme intermédiaire qu'imposent les difficultés pratiques de l'entreprise, la réforme radicale conçue par le défunt empereur ne tardera pas à rendre « moralement et matériellement d'immenses services aux populations, *qu'elle soustrait à la funeste influence des débitants.* »

Ainsi parle, avec autant de force et de sagesse que de sincérité, M. S. Witte.

Autour de lui, on est encore plus catégorique, plus explicite. Lisez plutôt le *Bulletin russe* publié à l'Imprimerie du ministère des finances, rendant compte, dans son dernier numéro, des résultats du monopole pendant l'année 1895.

Il déclare d'abord qu'il croit devoir rappeler les motifs qui ont fait adopter le nouveau système, le but poursuivi et les moyens employés pour l'atteindre, et continue en ces termes :

« MOTIFS. La qualité détestable des produits mis en vente, les alcools rectifiés n'y figurant que dans une proportion infinitésimale ; les dangers offerts par les cabaretiers, qui, en Russie comme partout ailleurs, ne se recrutent que très exceptionnellement parmi les gens dont l'influence soit désirable ; la conviction que les alcools amylique, méthylique, butylique et *autres poisons violents sont moins dangereux encore que les patentés qui en tiennent boutique. Ce qu'il y a de pire dans le trois-six, a dit quelqu'un, c'est le mastroquet.*

» BUT. Ne laisser entrer dans la consommation que des alcools rectifiés ; rendre impossible la vente à crédit ; *supprimer les cabaretiers dans les campagnes* et en réduire le nombre, dans les villes, *jusqu'aux extrêmes limites du possible.*

» Le monopole se fait un honneur de ne pas chercher à grossir directement, immédiatement, les recettes du fisc. L'administration, tout en établissant les prix de vente de manière que le bénéfice du débit soit assez élevé pour compenser les effets d'une réduction, même accentuée, de la consommation, se résigne à voir le produit des *Boissons* rester stationnaire ou même décliner quelque peu. »

Voilà qui est net. Le rédacteur du *Bulletin russe* du ministère des finances ne cherche pas ses expressions au protocole, mais il fait admirablement comprendre ce qu'il veut dire. Si ce pauvre M. Cochery parlait ainsi des « mastroquets » dans son *Bulletin*, — cieux et tonnerres! que lui arriverait-il?... Quelle avalanche d'interpellations! quel vote écrasant de blâme et de flétrissure, avec refrains de la *Carmagnole!*

Mais M. S. Witte est tranquille sur les suites parlementaires de la franchise de son *Bulletin*, — ce qui prouve qu'il y a *Bulletins* et *Bulletins*, comme fagots et fagots.

Nous voilà donc, en tout cas, bien fixés sur le « Pourquoi » du monopole de l'alcool en Russie. — Passons au « Comment ».

Le monopole vient d'être expérimenté dans quatre provinces : celles de Perm, d'Oufa, d'Orenbourg et de Samara. Toutes quatre sont à l'Est, en pleine région de l'Oural, limitrophes de l'Asie. Ce sont des pays immenses, d'une étendue de 800,000 kilomètres carrés (près de 300,000 de plus que la France entière), et peuplés seulement de 9 millions d'habitants. Le seul alcool qui s'y consomme est l'alcool industriel, — car on y est singulièrement loin de la vigne et même du cidre ! La surveillance de la fabrication y est donc facile et d'un mécanisme simple et uniforme.

L'Etat achète l'alcool suivant ses besoins ; il le rectifie lui-même, ou le fait rectifier sous son contrôle ; puis il l'emmagasine dans ses propres entrepôts, le met en bouteilles de capacités diverses — (de 6 centilitres à 60 centilitres, etc.) — où il est réduit à 40 degrés, et le vend ainsi, dans ses propres débits, par ses propres agents, payés à appointement fixe, ne pouvant livrer que ces fioles officielles, bouchées, cachetées à la cire avec le sceau de l'Etat, et revêtues d'étiquettes indiquant la contenance, le degré et le prix.

« L'usage des tire-bouchons est rigoureusement interdit dans les bureaux de vente » — car il est défendu d'y consommer sur place.

Le débit au petit verre n'est permis que dans les restaurants des villes — dans les restaurants d'un certain ordre, où les plats sont chers, et dans les buffets des gares. Tout cela, bien entendu, avec tout un régime de formalités, d'autorisations, de contrôles, comme on ne peut se l'imaginer en France.

Dans ces conditions, et à ces conditions, le monopole pouvait réussir. Il a réussi.

Non seulement le produit prévu au budget — 10 millions de roubles a été obtenu, mais il a été depassé; et, simultanément, la consommation a même légèrement diminué.

Le résultat de 1895, dans ces quatre provinces lointaines, est donc excellent. Mais que sera-t-il en 1896, étant donné que le monopole va fonctionner dans neuf provinces nouvelles? Le *Bulletin russe* lui-même refuse de généraliser les premières opérations et dit qu'il convient d'attendre.

Du reste, il n'est pas même question d'essayer le monopole dans les régions où l'on produit le vin; dans ces magnifiques pays du Transcaucase, où les vaillants Géorgiens, Mingréliens, Iméréthiens boivent royalement le jus divin, enfermé dans ces outres colossales faites de peaux de bœuf entières, qu'on voit rangées comme d'innombrables troupeaux dormant, les pattes en l'air, dans les caves profondes des cabarets, toutes grandes ouvertes aux regards du passant.

L'expérience si restreinte et si particulière de la Russie ne prouve donc qu'une chose, mais la prouve bien : c'est que le monopole de l'alcool ne peut réussir qu'à la condition de porter *intégralement sur la vente*, et *sur tous les al-*

cools, de toutes provenances et de toutes sortes.

C'est, une fois de plus, la confirmation éclatante des règles que j'ai montrées se dégageant de nos monopoles du tabac et des allumettes.

Ces règles, ces lois économiques naturelles dictées par des choses infaillibles et invincibles, et non point sorties de la plume d'un théoricien l'échec du monopole de l'alcool en Suisse ne les prouve pas avec moins de force que le succès de la Russie.

L'ancien président de la Confédération, M. Numa Droz, a raconté lui-même trop complètement, dans la *Revue politique et parlementaire*, l'histoire, la cause, les circonstances de l'établissement du monopole, qui fut voté et organisé pendant qu'il était au pouvoir, pour que j'y revienne ici.

Il me suffit de rappeler que le monopole de l'alcool, en Suisse, ne comprend que l'alcool industriel, qui est exclusivement l'alcool de pommes de terre, — et que l'alcool provenant « de la distillation du vin, des fruits à noyaux ou à pépins et de leurs déchets, des racines de gentiane, des baies de genièvre et d'autres matières analogues » est *absolument excepté* de la nouvelle législation.

C'est-à-dire qu'il n'y a pas de monopole! La porte laissée ouverte est si large que tout y passe. Et voilà pourquoi la Suisse, au lieu de percevoir les 8,820,000 francs qu'elle avait escomptés, a vu baisser le produit financier du système incohérent et contradictoire qu'elle a établi sous le nom trompeur de monopole, — et ne perçoit guère que 4 millions. C'est déjà beaucoup !

Nous avons fait le tour de la question ; nous avons déterminé les données du problème, éliminé les éléments secondaires ou étrangers, précisé les faits, reconnu les lois générales positives, issues de l'observation et de l'expérience, qui doivent nous guider sûrement : — nous pourrons maintenant discuter et prendre parti.

IV

LE VRAI DILEMME

Nous connaissons les règles nécessaires d'un monopole : voyons maintenant dans quelles conditions se pose la question du monopole de l'alcool en France, et concluons.

L'alcool provient chez nous de sources multiples, très diverses, et il est obtenu par des procédés fort différents. Alcools de mélasse de l'Aisne, du Nord, du Pas-de-Calais; alcools de betteraves de l'Oise, de Seine-et-Marne, de Seine-et-Oise — du Nord et du Pas-de-Calais, déjà nommés — n'ont rien de commun que le nom avec les alcools de vins du Gard, de l'Hérault, du Gers, des deux Charentes, — avec les alcools de cidres du Calvados, de l'Eure, de la Manche, de la Mayenne, — avec les alcools de fruits de la Meuse, de la Haute-Marne, des Vosges, etc., etc.

Là, quelques centaines d'usines, fabriquant de l'alcool plus ou moins grossier ou plus ou moins pur, plus ou moins voisin de la formule sacrée $C^4 H^6 O^2$, comme d'autres usines leurs sœurs fabriquent de l'acide sulfurique, ou du gaz d'éclairage, ou de la soude ; ailleurs, des centaines de milliers de cultivateurs (plus de 900,000 !) de propriétaires agricoles, de bouilleurs de cru ou de profession, distillant leurs vins, leurs marcs, leurs pommes, leurs cerises, chacun avec ses procédés, son tour de main, pour obtenir des eaux-de-vie, des kirschs, des cognacs, dont un seul litre vaut tout un tonneau du plus parfait $C^4 H^6 O^2$ du Nord ou du Pas-de-Calais.

Le système à organiser chez nous devrait donc être, non point seulement le monopole de l'alcool, mais le monopole des alcools.

Par conséquent, aucune analogie entre une telle situation et celle de la Russie, celle de la Suisse, celle de la France elle-même lorsqu'il s'est agi d'établir le monopole du tabac ou celui des allumettes.

On n'eut affaire alors, chez nous, qu'avec un fort petit nombre d'intéressés, une fort petite partie du pays : on aura affaire, pour le monopole de l'alcool, avec tous les départements, toutes les communes, et avec 900,000 producteurs de la substance à monopoliser.

N'oublions pas que l'une des conditions essentielles du monopole, c'est de surveiller et de limiter la production, d'en être en quelque sorte maître, surtout quand il s'agit d'une matière aussi facile à fabriquer que l'alcool, sous peine de voir les recettes s'enfuir par mille fissures. Les expériences du tabac et des allumettes sont décisives sur ce point.

Ce n'est pas tout.

On espère obtenir 800 millions de francs du monopole, au lieu de 260 millions produits par l'impôt, soit une plus-value de 540 millions pour le Trésor. Le chiffre est gros et je ne vois pas comment on peut le justifier ; mais ne le discutons pas pour le moment ; — quel que soit leur nombre, on ne peut prendre ces 540, ou ces *x* millions, que là où ils sont.

Or, où sont-ils?

Uniquement dans l'écart entre le produit de l'impôt et la somme totale prélevée sur le public par les fabricants et les vendeurs d'alcool, c'est-à-dire dans les bénéfices réalisés par les producteurs et par les intermédiaires, marchands en gros et en détail, cafetiers, cabaretiers, « mastroquets » (comme on dit à Saint-Pétersbourg), de toutes catégories, qui vendent au public les alcools de toutes sortes.

C'est parce que l'Etat perçoit pour son compte toute la différence entre le prix de revient du tabac et le prix de livraison au consommateur, qu'il gagne 320 millions *nets* par an.

Pour gagner les 540 millions nouveaux à provenir de l'alcool, il faut donc que l'alcool, tous comptes faits, rapporte ces 540 millions aux intermédiaires — car il n'est pas question de réduire les profits des producteurs, — et prendre les moyens nécessaires pour que l'Etat s'empare de tous ces bénéfices. Or, ces moyens ne sont pas nombreux; il n'y en a qu'un : c'est que l'Etat soit seul vendeur, seul marchand d'alcool comme il est seul vendeur et marchand de tabac et d'allumettes. On ne saurait trop insister sur ce point : la nécessité du monopole de la vente.

C'est ce monopole seul qui pourrait procurer les ressources considérables que l'on cherche, et c'est une chimère de penser, à ce point de vue, au monopole de la rectification.

La rectification ne peut porter que sur les alcools industriels ; elle laisse *nécessairement* en dehors les alcools de vins, de cidres, de marcs, de fruits de tous genres. Nous connaissons ce système; je vous l'ai montré : c'est celui de la Suisse, le monopole restreint à une certaine catégorie d'alcools, — et par conséquent condamné à l'échec le plus certain; avec cette différence que, chez nous, les mécomptes seraient cent fois plus formidables que chez nos voisins, car ce serait la fraude générale, insaisissable, invincible, entraînant une véritable banqueroute budgétaire.

Il ne faut pas songer à sortir de là : monopole c'est monopole partout, et non point monopole ici et liberté là. Il n'y a pas de fractions de cette unité. Elle est entière ou elle n'est pas.

Voyez-vous le monopole du tabac ne portant que sur les tabacs exotiques, et tous les Français libres de cultiver et de vendre le tabac indigène, le tabac « national »? L'expérience en fut faite, autrefois, et je vous ai raconté ce qu'elle produisit!

Donc, pour établir le monopole de l'alcool ; 1° nécessité de faire porter le monopole sur *tous les alcools;* 2° nécessité de le faire porter sur *la vente;* — 3° et, pour le faire porter efficacement sur la vente et empêcher une fraude ruineuse, nécessité *de réglementer et de limiter la production* (sinon d'y procéder directement), comme on réglemente et on limite la production du tabac.

Tel est le programme. A ce prix seulement, on peut parler sérieusement du monopole de l'alcool. Que l'une de ces trois conditions essentielles fasse défaut, il n'y a plus de monopole, mais seulement des systèmes incohérents, contradictoires, ridicules, qui seraient presque tous aussi difficiles à établir que le vrai monopole et dont aucun ne résisterait à six mois d'expérience.

Mais, étant donné que les conditions *néces-*

saires du monopole de l'alcool sont ainsi déterminées, sont-elles *possibles*, sont-elles réalisables en France, les choses y étant ce qu'elles sont?

Examinons.

Pour limiter et réglementer la production, il faut d'abord interdire l'établissement de toute usine nouvelle d'alcool industriel et le développement, sans autorisation, de toutes celles existant; établir dans chacune d'elles le contrôle *permanent* pratiqué dans quelques grandes usines, et qui seul peut empêcher la fraude; c'est donc 250 distilleries industrielles à exercer nuit et jour : — soit.

Mais comment réglementer, limiter, surveiller la production des 6,537 distillateurs et bouilleurs de profession qui fabriquent des alcools, ou des eaux-de-vie, ou des kirschs, savoir : 500 à 600 avec des substances farineuses, des mélasses, des betteraves; — 2,300 avec des vins et des marcs; — 2,660 avec des cidres et poirés; — 840 avec des cerises, etc., etc.?

L'exercice permanent, de nuit et de jour, par des agents sûrs, intelligents, fidèles, dans les 250 usines : bien! Mais chez les 6,537 bouilleurs professionnels?...

Il faut un corps d'armée. C'est 20,000 à 25,000 agents de surveillance et de contrôle... Passons encore.

Voici l'armée — cette fois — l'armée immense des bouilleurs de cru, des propriétaires distillant leurs récoltes, fabriquant des centaines de milliers d'hectolitres d'alcools (l'administration dit tantôt 129,000 hectolitres, tantôt 215,000; en réalité, elle n'en sait rien, parce qu'elle ne peut pas contrôler, et beaucoup de gens estiment que c'est plutôt 500,000 à 600,000 hectolitres que 215,000).

Eh bien, comment surveiller ici? comment réglementer? comment *limiter* la production des 900,000 cultivateurs?

Ce n'est plus seulement 20,000 à 25,000 contrôleurs qu'il faudra au monopole, c'est presque autant que de bouilleurs!

Car, ne l'oubliez pas, pour obtenir les 800 millions de recettes, il faudra faire produire au monopole 540 millions de plus qu'à l'impôt; c'est-à-dire surtaxer chaque hectolitre de 368 francs, ce qui portera à 519 francs la taxe sur l'alcool, au lieu de 156 francs comme aujourd'hui.

Par conséquent, quiconque pourra soustraire au monopole *un* litre d'alcool gagnera 5 francs 19 centimes; — 2 litres, 10 francs 38 centimes; — 100 litres, 519 francs. Ce sera la plus belle industrie de France. Donc, nécessité d'autant plus étroite de réglementer, de surveiller à un litre près la production de la précieuse denrée. Il faut encore que l'alambic devienne une sorte d'instrument prohibé, dont la fabrication et le commerce soient eux-mêmes rigoureusement surveillés et réglementés.

Et si on recule devant ces mesures; si on les considère comme impraticables, matériellement ou moralement — ou électoralement — il faut renoncer à réglementer, à surveiller, à limiter la production — et alors, adieu veaux, vaches, cochons, couvée! Adieu le monopole!

Jusqu'à présent, nous n'avons eu qu'à réglementer; — nous arrivons à la vente : ici, il faut opérer nous-mêmes. La Russie nous a montré le chemin, l'unique chemin; l'Etat doit vendre seul l'alcool, comme il vend seul le tabac, par la raison bien simple que si la vente est permise dans les 450,000 à 500,000 débits, cafés, cabarets qui existent aujourd'hui, et dans les 800,000 qui existeront bientôt pour peu que la progression continue, il sera matériellement impossible d'empêcher ces débitants de vendre des alcools de contrebande. Au besoin, ils en fabriqueront eux-mêmes!

Actuellement, sous le régime de l'impôt et avec la taxe de 150 francs, ce n'est un mystère pour personne qu'un grand nombre de débits vendent vingt fois plus d'alcools de contrebande que d'alcools ayant payé les droits : ce serait bien autre chose avec le règlement du monopole! Croire que l'on peut enlever aux débitants les bénéfices qu'ils réalisent comme intermédiaires et les obliger à vendre à prix coûtant, avec une simple petite remise, un litre d'alcool qui leur procurera 5 francs 19 centimes de bénéfice s'ils le vendent en fraude, c'est vraiment se bercer de trop séraphiques illusions.

Il faut donc que l'Etat soit marchand, seul marchand d'alcool, en gros et en détail, comme en Russie.

Mais, en Russie, le seul alcool produit, dans les quatre gouvernements où le monopole a fonctionné en 1895, c'est l'alcool industriel, l'alcool d'usine, ayant sensiblement la même valeur. L'opération qui consiste à vendre ces produits uniformes est simple, aussi peu commerciale que possible.

En France, c'est tout le contraire. Les alcools sont aussi multiples, aussi divers dans leurs qualités, dans leurs prix que dans leurs origines. De tel alcool de betterave à 25 francs l'hectolitre à tel « alcool » des Charentes à 50 francs la bouteille, c'est une gamme immense, infiniment variée, prêtant aux transactions, aux appréciations les plus complexes. Le commerce des spiritueux, en France, est un des plus vastes, des plus souples, des plus mobiles dans les évolutions nécessaires. On voit bien l'agent de l'Etat vendant le tabac, marchandise à types fixes et peu nombreux; mais les alcools?...

Comment M. Catusse déterminera-t-il toutes les qualités, tous les crus, tous les prix; comment traitera-t-il avec tous les clients; comment se livrera-t-il — lui ou ses agents — aux mille détails des opérations techniques et commerciales de la vente de tant de produits si différents?

Dans son exposé des motifs du budget de 1895, M. S. Witte, ministre des finances d'un souverain tout-puissant qui procède par oukases et non par lois, recule visiblement devant l'application du monopole aux provinces qui produisent le vin, et ces provinces russes sont elles-mêmes loin de pouvoir être comparées à la France : — comment M. Cochery, chez nous (vous entendez bien : chez nous!) s'y prendra-t-il pour résoudre un problème insoluble pour le Tsar?

Et pourtant, il faut le résoudre pour établir le monopole!

Résumons :

Ou bien la Commission extraparlementaire qui siège rue de Rivoli trouvera les moyens pratiques :

1° Pour limiter et réglementer étroitement la production de tous les alcools;

2° Pour organiser la vente directe par l'Etat, en gros et en détail, de tous les alcools.

Et alors, le monopole est possible.

Ou bien ladite Commission, ni aucune autre, ni personne ne trouvera ces moyens.

Et alors, le monopole est impossible.

Voilà donc le programme des travaux de la Commission extraparlementaire.

Qu'elle ne batte pas les buissons qu'elle ne s'égare pas à côté. Il ne s'agit point de dépeindre les ravages de l'alcoolisme; c'est entendu. Il ne s'agit point de célébrer les bienfaits des dégrèvements d'impôts qu'on pourrait opérer si l'on trouvait 500 millions de recettes nouvelles dans le monopole de l'alcool, ou sous le pas d'un cheval. Il s'agit exclusivement de répondre aux questions précises sommairement posées dans les quelques lignes qu'on vient de lire — (sans parler de bien d'autres fort graves, qui viendraient ensuite).

Si le gouvernement — ou quelqu'un quel qu'il soit — apporte les réponses positives nécessaires, eh bien, qu'on décide résolument le monopole de l'alcool, et qu'on trouve au plus tôt l'Hercule — car il n'y faut rien de moins que le divin Alcide — capable d'entreprendre une telle besogne.

Sinon, qu'on en finisse avec un projet reconnu irréalisable; qu'on cherche ailleurs un système moins séduisant, mais capable de vivre, et qu'on relègue le monopole des alcools français au musée déjà si riche des espérances trompées. — entre la pierre philosophale et le mouvement perpétuel.

LES SUCRES

Dépêche de Berlin.

En réponse à la dernière loi française, les fabricants de sucres allemands demandent une nouvelle exportation de la prime à l'exportation. (3 avril 1897.)

Douceur fait violence : c'est le proverbe joué par les sucres, avec un succès ininterrompu, depuis Colbert. Il n'est pas de question qui ait soulevé de plus fréquentes, de plus vives pétitions, réclamations, récriminations auprès du Roy, au temps jadis, ni de plus répétés et plus furieux débats devant les Chambres, depuis l'invention de la « tribune nationale », comme disait ce pauvre Amagat. Vous avez vu le dernier, il y a quelques semaines, à la Chambre des députés : il vient de recommencer au Sénat, aussi acharné, aussi violent, — aussi obscur pour le public et même pour beaucoup de « parlementaires » qui n'y enténdent goutte.

Pourquoi donc tant d'agitations, de controverses et de ténèbres ?

Parce que la Providence, en son éternelle et mystérieuse sagesse, avait choisi les sucres pour montrer aux hommes — aux princes, aux monarques, aux empereurs, aux peuples souverains — qu'il n'est pire folie que de vouloir régler par l'arbitraire des lois le cours naturel de certains phénomènes économiques, aussi indépendants, aussi invincibles que ceux de la physique, de la météorologie ou de l'astronomie.

Tous les gouvernements, en effet, se sont appliqués, depuis l'édit de septembre 1664, à déterminer par des prescriptions législatives le sort de l'industrie sucrière, si bien que, de plus en plus, elle devenait aussi rigoureusement dépendante de la législation que la plus officielle des administrations publiques.

Ce ne sont plus les circonstances naturelles, l'état du marché, la fécondité plus ou moins grande du sol, l'habileté des ingénieurs et des ouvriers, l'art d'acheter et de vendre, l'activité commerciale qui sont les éléments et les facteurs uniques de l'industrie sucrière, comme de toute autre industrie ou de tout autre commerce : ils sont, de beaucoup, primés par les dispositions des lois.

On croit que les sucriers et les raffineurs exploitent la betterave, la canne à sucre, ou leurs produits ; c'est pure illusion : ils exploitent surtout le *Bulletin des lois*, — vaste carrière, creusée de mille souterrains se contournant en labyrinthe inextricable.

Ce n'est point la faute des sucriers ; il ne faut pas les accuser, ni les blâmer : ils furent et ils sont condamnés à cette exploitation par les lois elles-mêmes.

Les responsables, c'est Louis XIV, c'est Louis XV, c'est Louis XVI, avec leurs innombrables ordonnances et lettres patentes (notamment en 1664, 1665, 1667, 1681, 1684 — première ordonnance qui imagina les primes d'exportation, — en 1717, 1720, 1782... j'en passe plus de cinquante) ; c'est la Révolution française, en 1791, 1793, 1795, etc., etc. ; c'est le premier Empire ; c'est la Restauration, avec Louis XVIII et avec Charles X ; c'est la monarchie de Juillet ; la seconde République ; le second Empire ; la troisième République, — qui, successivement, ont accumulé les systèmes fiscaux et économiques les plus divers, les plus contradictoires, ayant tous pour but de résoudre d'avance, définitivement, des problèmes économiques d'une mobilité prodigieuse, dont les éléments sont infiniment complexes et changeants, et ont édicté pour cela un si grand nombre de lois que leur

18.

seule énumération occuperait à coup sûr toute une page de journal.

D'abord, ce fut la rivalité des intérêts entre les sucriers de nos colonies et les raffineurs de la mère patrie, que le « sage législateur » s'efforça de régler par ses édits savamment combinés et dont le seul résultat fut de multiplier les difficultés qu'ils avaient pour objet de trancher; puis le problème se compliqua par l'entrée en scène des « intérêts des ports » et de la marine marchande, se déclarant à bon droit victimes des mesures prises seulement en vue des raffineurs et des colonies ; le « sage législateur » dut ainsi passer d'une équation du 1er degré, qu'il n'avait pu résoudre, à une équation du 2e degré, où le nombre des inconnues ne devait pas tarder d'augmenter.

Autant d'édits et d'ordonnances, autant d'échecs et de difficultés nouvelles, — celles résultant des prescriptions légales se combinant avec celles résultant de la nature des choses : tel est le résumé de toute l'histoire de la législation des sucres pendant ce qu'on peut appeler l'ancien régime de cette industrie, c'est-à-dire jusqu'à l'apparition du sucre de betterave.

*
* *

A plus forte raison, les tentatives devinrent-elles vaines, à partir de ce moment. Il faut lire, pour bien comprendre la profonde impuissance de cette méthode, les lois qui se succèdent et les discussions qui les accompagnent, en 1814, en 1816, en 1818, en 1820, en 1822, en 1826, en 1828, en 1832, en 1833, en 1836, en 1837, en 1839, en 1840, en 1843, en 1844, en 1846, etc., etc., etc., jusqu'en 1884.

Les combinaisons les plus subtiles, les plus ingénieuses, les plus diverses sont imaginées, essayées, appliquées, abandonnées, reprises, délaissées tour à tour ; les hommes de l'intelligence la plus souple, la plus déliée, la plus haute, la plus forte, pourvus de connaissances financières, commerciales, les plus étendues et les plus sûres ; les industriels, les négociants, les hommes d'affaires, les administrateurs les plus consommés ; les philosophes, les savants, les penseurs, les historiens, les poètes eux-mêmes — les Berryer, les Lamartine, les Talabot — cherchèrent, proposèrent successivement toutes les solutions imaginables : à chaque étreinte d'une nouvelle loi, d'un nouveau système, le problème ne faisait que se transformer.

Chose curieuse — non : chose naturelle — celui qui vit le plus clair dans cette mêlée fut le poète, le « voyant » par excellence : Lamartine.

Il dit, en 1843, tout ce qu'on aurait pu dire dès 1664, tout ce qu'on pourrait dire aujourd'hui de plus sage et de plus vrai — de seulement sage et de seulement vrai : — une industrie créée par les lois, reposant sur les lois, n'est pas une industrie; il n'y a d'industries que celles qui sont le résultat du libre effort des hommes et du jeu naturel des choses ; il est chimérique de vouloir pondérer les intérêts privés et régler leur cours, et, si on le pouvait, ce serait arrêter tout progrès et tout mouvement.

Le Destin voulait que la leçon fût complète : Isaïe perdit sa sagesse et ses paroles ; mais nous voyons aujourd'hui la prophétie pleinement accomplie et le dénouement s'approcher.

Où donc en sommes-nous ? Quel système est en vigueur ? Quels obstacles nous embarrassent ?

Si l'on veut écarter tous les détails qui ne sont point essentiels et ne retenir que les traits caractéristiques de la situation créée par les diverses lois intervenues de 1884 à aujourd'hui, — ce qui est le seul moyen d'y voir clair, — voici l'état actuel des choses.

*
* *

L'impôt sur le sucre n'est pas un impôt sur le sucre : c'est un impôt sur la betterave, c'est-à-dire qu'il prend la betterave comme point de départ du calcul.

L'impôt est calculé en effet à raison de 60 francs par 100 kilos de sucre pur, *mais la loi détermine d'avance la quantité de sucre imposable qui sera produite par telle quantité de betteraves.* Elle fixe à 7 kilos 75 de sucre par 100 kilos de betteraves ce rendement légal imposable, qui est frappé de 60 francs d'impôt par 100 kilos de sucre.

Par conséquent, si 100 kilos de betteraves produisent non pas seulement 7 kilos 75 de sucre, mais 10 kilos, par exemple, les 2 kilos 25 de sucre produits en plus des 7 kilos 75 fixés par la loi sont *exempts* (attendez...), sont *exempts d'impôts*... (attendez, je vous le répète).

Il en résulte que, lorsque les sucriers (et quand je dis « sucriers », je veux dire tous les producteurs, y compris les raffineurs) livrent le sucre au consommateur, ils le lui livrent comme s'ils avaient payé eux-mêmes au Trésor 60 francs sur la totalité du sucre, tandis qu'ils n'ont rien payé sur *près du quart* de cette totalité. Ils gagnent donc non seulement le bénéfice naturel de leur industrie, mais encore l'impôt créé par la loi. Cette portion de leur bénéfice est même, de beaucoup, la plus importante dans leur inventaire, — et il n'existe aucune autre industrie en France qui soit ainsi privilégiée.

Sur une production totale moyenne de 700 millions de kilos de sucre (y compris les coloniaux), il y a environ 158 millions de kilos représentant la quantité produite en surplus du rendement légal de 7,75 pour 100, et payés par le consommateur le même prix que s'ils avaient supporté 60 francs d'impôt, quoiqu'ils en aient été exempts.

Qui donc profite de ces 60 francs ? L'industrie des sucres, à laquelle les contribuables payent ainsi tribut.

Quand je dis 60 francs, ce n'est plus exact aujourd'hui. La loi de 1890 a frappé d'un demi-impôt, soit de 30 francs, les rendements réels dépassant le maximum légal, jusqu'à 10 kilos 1/2; et la loi de 1891 a décidé qu'au-dessus de ce rendement de 10 kilos 1/2 la moitié du surplus payerait plein tarif.

On a donc reconnu l'impossibilité de laisser subsister dans son entier le système privilégié établi en 1884. Il n'en reste pas moins un bénéfice de 30 francs par 100 kilos pour l'industrie sucrière sur toute la quantité de sucre comprise entre le rendement de 7,75 pour 100 et celui de 10,50 pour 100, quantité équivalant aujourd'hui, on l'a vu, à 158 millions de kilos, — soit un bénéfice de 47 millions de francs pour l'industrie sucrière, provenant uniquement de la loi et prélevé sur l'impôt.

Aucune autre industrie ne profite d'un semblable régime.

Je sais les excellents motifs donnés en sa faveur. Il n'en est pas moins vrai qu'il est un régime d'exception, contraire à tous les principes, à toutes les lois naturelles de commerce.

On vient d'aller plus loin encore en votant les primes à l'exportation.

Mais la France est-elle aujourd'hui seule responsable de ce monstrueux régime économique ?

Pourrait-elle, sans ruiner immédiatement et à coup sûr toute l'agriculture d'une grande région et toute une industrie considérable, supprimer ces monstruosités et revenir au bon sens et au droit commun?

Non.

Et pourquoi ?

Parce que l'Allemagne, l'Autriche, dix autres pays ont établi chez eux, avant nous, de semblables régimes de privilège et d'exception.

La *prime à la production* (résultant chez nous de la loi de 1884), l'Allemagne l'avait organisée bien longtemps auparavant par son impôt sur la betterave, remboursé lors de l'exportation du sucre, à un taux bien supérieur au chiffre primitivement payé par la betterave.

Sans doute les Allemands ont modifié ce système en 1891, mais plus en apparence peut-être qu'en réalité.

La *prime à l'exportation* (que nous venons de voter), les mêmes Allemands l'ont établie en 1891, et ils l'ont renouvelée en 1896, en doublant son importance.

Sous des formes diverses, les autres pays ont fait de même.

De sorte que la folie des uns entraîne la folie des autres; il suffit qu'un peuple trouble arbitrairement les conditions naturelles de l'industrie et du commerce extérieur, même par les dispositions les plus absurdes, pour que les autres peuples, s'ils possèdent des industries analogues à celles favorisées ailleurs, soient forcés d'imiter plus ou moins la démence d'autrui.

Tel est, en définitive, le phénomène auquel nous assistons. Les responsables, ce ne sont point les fabricants de sucre (laissons de côté tel ou tel détail secondaire), ce sont les fabricants de lois, — en Allemagne, en Autriche, en France, en Belgique, etc., — qui s'imaginent pouvoir régenter le cours des choses et changer par leurs décrets la pesanteur et la chute des corps.

Ces lois absurdes troublent tout, au dedans et au dehors, de proche en proche, et ne font que susciter les plus inextricables complications.

Les « puissances » se mettent d'accord pour empêcher l'incendie d'éclater en Orient : il n'est que temps, au point de vue économique, qu'elles se mettent d'accord pour revenir à la raison et conjurer les crises qu'engendrerait infailliblement leur commune erreur prolongée.

A quand l'urgente et nécessaire conférence internationale?

LA BANQUE DE FRANCE

Le gouvernement a propose aux Chambres de proroger jusqu'au 31 décembre 1920 le privilège concédé à la Banque de France ; certains députés proposeront au contraire de repousser cette prorogation et de constituer une Banque d'État, pour remplir la fonction aujourd'hui exercée par la Banque de France.

Déjà, les partisans de ce dernier système, usant de leur droit, ont commencé leur campagne et s'efforcent de conquérir l'opinion publique.

Ont-ils tort? Ont-ils raison?

Il suffit, pour le savoir, d'examiner où se trouve non pas l'intérêt de la Banque, mais l'intérêt de la France, — qui, seul, doit dicter la décision à prendre.

Cherchons-le donc.

Tout d'abord, qu'est-ce que la Banque de France? Que fait-elle en vertu de son « privilège », et que fait-elle en vertu de ses « droits » ?

Bien des gens s'imaginent que la Banque de France est une création de l'État, qu'elle existe uniquement en vertu d'une concession, d'une autorisation émanant de lui, et qu'elle n'aurait qu'à retomber dans le néant le jour où la main toute-puissante de l'Etat se retirerait d'elle.

Interrogez au hasard cent personnes dans la rue : quatre-vingts au moins, sinon davantage, vous répondront ainsi.

Cependant, rien n'est plus faux. La Banque de France est avant tout une société particulière, comme le Crédit lyonnais, ou telle autre banque par actions, — avec cette différence qu'elle sera bientôt centenaire. C'est le 24 pluviôse an VIII (13 février 1800) qu'un certain nombre de citoyens de grande position personnelle, frappés de la situation critique où se trouvait alors le pays faute de crédit, résolurent d'établir en France une banque analogue à celles qui fonctionnaient déjà si heureusement en Angleterre, en Hollande et ailleurs, et signèrent ensemble les statuts primitifs dont l'article premier était ainsi conçu :

« Il sera établi une Banque publique sous la » dénomination de *Banque de France*. Les fonds » en seront faits par actions. »

Ces statuts visaient toutes les opérations qui constituent le commerce et l'industrie des banques — escompte, recouvrement, dépôt en comptes courants — et même l'émission de billets au porteur et à vue, dans des proportions telles qu'au moyen du numéraire réservé dans les caisses et des échéances du papier du portefeuille le payement de ces billets fût toujours immédiatement assuré. Le capital était fixé à 30 millions, en actions de 1,000 francs.

Parmi ces fondateurs de la *Banque de France*, dont l'acte de naissance était ainsi définitivement dressé, figuraient notamment M. Récamier, M. Mallet, M. Germain, etc...

Bien entendu, cette *Banque de France* était libre, sans aucune attache avec l'Etat, sans aucun privilège, sans aucun monopole.

La valeur, le crédit de ses administrateurs, de ses « régents », étaient tels que son succès fut considérable, si bien que les consuls décidèrent que les fonds de la Caisse d'amortissement seraient versés à la nouvelle banque, et que les reations entre elle et l'Etat se développèrent rapidement.

L'Etat, vous le savez, était alors entre les mains d'un homme qui avait quelque facilité, M. de Buonaparte. Ce Corse comprit bien vite tout le parti que le susdit Etat pouvait tirer dans son propre intérêt, pour la solidité de son crédit, pour l'étendue et la rapidité de ses ressources financières, d'un établissement particulier possédant par lui-même une si grande force et jouissant d'une autorité si générale et si légitime parmi les négociants, les propriétaires, les citoyens du pays tout entier.

Il traita donc avec la *Banque de France* et lui concéda, par la loi du 24 germinal an XI (14 avril 1803), le privilège qui dure encore et dont voici la formule, d'après l'article premier :

« L'association formée à Paris sous le nom de » *Banque de France* aura le privilège exclusif » d'émettre des Billets de Banque aux conditions » énoncées dans la présente loi. »

Voilà les origines. Depuis, les actes législatifs intervenus n'ont fait que fortifier, étendre ce principe et ses conséquences, y compris les décrets du 27 avril et du 2 mai 1848 qui fusionnèrent les banques départementales (dont les billets n'avaient cours que dans leur département) avec la Banque de France.

Ainsi la Banque de France existe donc par elle-même, en dehors de toute concession de l'État, avec son titre, avec ses droits tirés de la liberté du travail et de l'ensemble des lois générales.

Les Chambres peuvent, si elles le jugent bon et utile, refuser de continuer plus longtemps l'œuvre du tyran de l'an VIII, dont la durée est une douleur et un scandale pour les « réformateurs » modernes : la *Banque de France* n'en continuera pas moins d'exister, de fonctionner, sous son nom qui n'est pas, hélas! sans notoriété dans l'univers civilisé (ô abominations de la société capitaliste!), dans ses immeubles à Paris, dans les départements, partout où elle voudra, et d'y accomplir toutes les opérations auxquelles elle se livre aujourd'hui, — excepté l'émission des billets de banque, parce qu'ils sont un papier-monnaie et que le droit de battre monnaie métallique ou fiduciaire est un droit régalien.

La personnalité civile de la Banque de France ainsi déterminée, quelles sont ses opérations? Quels sont ses bénéfices et leurs causes; quelles sont ses charges; quels services rend-elle à l'Etat?

Les opérations, vous les connaissez: ce sont toutes celles d'une grande banque de dépôt et d'escompte quelconque — plus celles d'une banque d'émission.

Vous portez 1,000 francs d'or à la Banque de France et vous lui demandez en échange mille francs en billets. Elle est obligée de vous les donner, gratuitement, quoique ses billets fassent aujourd'hui prime sur l'or, à l'étranger. Elle vous les donne, je suppose, en dix billets de 100 francs tout flambants neufs. Vous les emportez. Il vous plaît, chez vous, de les rouler en boulettes pour amuser votre chat, qui les met à peu près en lambeaux. Vous les rapportez le lendemain, hors d'usage, à la Banque de France, et vous lui redemandez vos 1,000 francs d'or. La haute et puissante dame est obligée de vous les rendre et de reprendre ses billets déchirés, qu'elle n'a plus qu'à brûler.

Qu'a-t-elle gagné à ce double échange ? — Rien.

Qu'a-t-elle perdu ? — La valeur des dix billets, soit environ 1 franc 50 centimes.

Ce n'est donc pas le métier de banque d'émission qui lui rapporte quoi que ce soit : il lui coûte, comme à quiconque ne ferait que ce métier, — et c'est le seul qu'elle fasse en vertu de concession de l'Etat.

Mais elle ne fait pas que celui-là, heureusement pour elle, pour le public et pour l'Etat lui-même : elle escompte ; elle prête; elle fait cent opérations diverses, d'après son droit naturel, et moyennant intérêt ou rétribution.

Les 1,000 francs que vous avez déposés dans ses caisses, elle peut les remettre, aujourd'hui, à 2 pour 100 d'intérêt par an, contre un effet de commerce revêtu de trois bonnes signatures, payable à 90 jours au plus tard.

C'est là ce qu'elle fait pour des sommes considérables, dépassant en ce moment 812 millions de francs, et c'est pour cela et par cela qu'elle réalise des bénéfices, qu'elle a accumulé des réserves importantes, et que, grâce à ces bénéfices, à ces réserves, à son capital-actions de 182 millions, à sa prudence et à sa sagesse bien connues, à l'autorité personnelle de son gouverneur et de ses régents, elle a acquis dans le monde entier un crédit supérieur à celui de beaucoup d'États, égal à celui des plus puissants.

Ainsi, l'avantage que la Banque de France tire de son privilège d'émission vient uniquement de ce que ce privilège lui procure une grande quantité de numéraire dont elle peut employer utilement une partie en opérations de banque libre.

Dans quelle mesure cet avantage est-il profitable à la Banque ? Quels services l'État peut-il, en retour, exiger d'elle ?

C'est là tout le champ des débats qui se sont livrés entre la Banque et l'État, lors des prorogations antérieures de son privilège depuis 1803, et cette fois-ci, entre M. Cochery et M. Magnin, lorsqu'ils ont rédigé la convention soumise à la ratification du Parlement ; — et il faut que l'État obtienne tous les avantages possibles.

C'est là ce qu'on peut discuter.

Mais ce n'est pas ce que discutent les partisans du système de la Banque d'État, puisque c'est le principe même de la convention qu'ils condamnent.

C'est ce principe que nous pouvons maintenant juger, puisque nous avons précisé ce que la Banque de France est, et ce qu'elle fait.

Tout le monde comprend que la faveur du billet de banque vient de la certitude où chaque porteur est que son billet sera remplacé à toute heure par du numéraïre, — et tout le monde comprend que l'État, s'il se faisait lui-même directement banquier *d'émission*, ne pourrait réaliser quelque profit à ce métier que s'il se faisait en même temps banquier *escompteur*.

Demander l'établissement d'une *Banque d'État*, c'est donc demander que l'État, qui est déjà gendarme, soldat, juge — (ses vrais métiers); — qui s'est fait voiturier, instituteur, professeur d'art, inspecteur et réglementateur de mille emplois de la liberté individuelle, se fasse encore banquier! qu'il prête de l'argent à celui-ci, qu'il en refuse à celui-là; qu'il juge la solvabilité des négociants, des industriels, même des autres banquiers, dont il sera le concurrent et qu'il pourra sauver ou égorger suivant son bon caprice.

C'est demander enfin qu'il renonce aux services que lui-même retire de la Banque de France, puisqu'elle sera affranchie de toute obligation légale, contractuelle, ou morale, envers lui.

Or, ces services sont considérables, il serait puéril de se le dissimuler, et le plus considérable de tous consiste dans le fait que, par sa seule existence, la Banque de France constitue aujourd'hui une puissance telle que son crédit double celui de l'État en temps de paix et qu'il subsiste dans toute son étendue en temps de guerre, alors que celui de l'État ne peut éviter les plus rudes atteintes.

Cette force de la Banque de France, que certains présentent comme un danger, est donc, au contraire, par la nature même des choses, un des plus précieux éléments de la grandeur, de la prospérité, de la solidité de l'État. Grâce au développement du système adopté en 1803, la France a deux crédits au lieu d'un seul, deux arsenaux financiers formidables, séparés l'un de l'autre quoique au service de la même cause, et l'indépendance qu'on reproche au second est une condition même de la valeur, de l'étendue de ses approvisionnements et des ressources que la nation peut y trouver aux jours des suprêmes épreuves. La priver de l'un de ces Trésors, ce n'est donc point servir, mais compromettre gravement ses intérêts.

Telle est, sans entrer pour le moment dans les détails, la vraie physionomie de la question : il importait de l'indiquer tout de suite. Les observations, les faits qu'il est intéressant d'exposer n'en paraîtront désormais que plus clairs (1).

(1) *Figaro* du 1er décembre 1896.

II

LES BILLETS DE BANQUE DE L'ÉTAT

Le Français naît malin et vit badaud. Il suffit qu'on lui présente une sottise pour qu'il s'y précipite; et, lorsqu'il fut victime de sa crédulité, il s'empresse de l'oublier, pour se laisser prendre une seconde fois et indéfiniment, de génération en génération, aux mêmes pièges. Ainsi font les poissons, toujours pris aux mêmes filets.

Les apôtres de la Banque d'État, qui nous présentent aujourd'hui leur projet comme une découverte et comme un bienfait, devraient savoir qu'elle n'est ni l'un ni l'autre, et que des expériences répétées et constantes dans leurs résultats montrent, même au plus myope, l'inévitable dénouement de leur système.

Donner à l'État la faculté d'émettre des billets de banque, c'est, quelques précautions que l'on prenne, quelque mécanisme que l'on imagine, l'exposer à la tentation d'en émettre au delà des facultés de remboursement immédiat ; et, l'exposer à cette tentation, c'est le condamner infailliblement à y succomber.

Cet oracle est plus sûr que celui de Calchas; je n'en veux d'autre preuve que notre propre aventure et l'histoire de nos propres billets de banque d'État, généralement plus connus sous le nom d'assignats. Cette différence de mot est même pour tromper bien des gens ; car donner des noms différents à une même chose, ou le même nom à des choses différentes, est une des plus fécondes causes d'erreurs et d'idées fausses. Mais « billet de banque d'État » et « assignat » c'est tout un ; et pour savoir sûrement ce qui serait, rappelons-nous ce qui fut.

Nous avons aujourd'hui besoin d'argent ; on s'en aperçoit à chaque pas, dans la discussion du budget : nous roulons sur l'or en comparaison de l'état où se trouvait la France en 1789. Les besoins augmentant chaque jour, les ressources diminuant, le crédit se resserrant, les affaires se ralentissant, chacun se mit en quête de moyens pour trouver de l'argent. On ne savait pas alors aussi clairement qu'aujourd'hui que la prospérité des finances publiques tient surtout à l'ordre ; qu'elle est un phénomène psychologique presque autant qu'un fait matériel, et qu'il est chimérique de croire qu'on peut faire régner l'abondance dans un pays où règnent le trouble et la crainte.

L'Assemblée nationale, d'ailleurs aux prises avec des événements plus forts que la volonté des meilleurs de ses membres, n'en choisit pas moins l'une des pires solutions en imaginant d'instituer une véritable banque d'État, sous le titre de *Caisse de l'Extraordinaire*, à laquelle on attribuait des ressources spéciales — contributions patriotiques, ventes de domaines de la Couronne et de domaines ecclésiastiques jusqu'à concurrence de 400 millions, etc., — et qui recevait le droit d'émettre, pour une valeur correspondante, des billets de banque garantis par ces gages et qu'on appela « assignats », pour ne pas leur donner un nom discrédité dans le public, comme le nom de *Banque* l'avait été lui-même par la mésaventure de la *Banque royale* de Law.

Toujours la piperie des mots!

Ces dispositions du décret du 21 décembre 1789 étaient bien différentes du projet que Necker avait présenté comme ministre des finances, le 14 novembre précédent. Il s'était bien gardé d'entrer dans une telle voie! Il avait proposé la création d'une véritable Banque de France — qu'il appelait *Banque nationale* — établissement autonome, existant par soi-même, en dehors de l'État, en vertu de ses fonds personnels, fixés à

150 millions de capital, avec une faculté d'émission de billets s'élevant à 240 millions, avec privilège pendant 30 années. Il avait montré, dans un Mémoire remarquable, comment un tel système ne ferait courir aucun risque à l'État, lui procurerait au contraire de précieux avantages, et au commerce les plus utiles secours : rien n'avait pu triompher des préjugés de l'Assemblée, habilement exploités par tous ceux qui, pour des raisons diverses, voulaient faire échec à Necker ou précipiter la course de la Révolution.

Vainement les représentations les plus fortes avaient été développées en faveur du plan du ministre. C'était Dupont de Nemours qui avait répliqué d'abord à un discours enflammé de Mirabeau et formulé, avec une admirable précision, les principes supérieurs qui doivent déterminer toute résolution du législateur en pareille circonstance.

Nécessité d'une banque pour établir le crédit; nécessité, pour que la banque puisse fonctionner efficacement, d'inspirer au porteur de billets la conviction légitime qu'il lui est « impossible de perdre avec la Banque », et, par conséquent, nécessité pour la banque de ne mettre jamais un seul billet en circulation qu'en échange de numéraire ou de valeurs exigibles et certaines; de là, impossibilité de confier ce rôle de la Banque à l'État, à la Nation, comme on disait alors, essentiellement impropre à exercer les fonctions si complexes du banquier; — en résumé, « banque ou banqueroute », telle fut dans son ensemble l'argumentation et telle fut la conclusion littérale de Dupont de Nemours.

Ainsi parlèrent à leur tour vingt autres orateurs des plus puissants, des plus éclairés, des plus versés dans la science financière. Ainsi parla, entre autres, un député de Lyon, Nicolas Bergasse, qui avait plaidé naguère pour Beaumarchais, et dont le discours est une véritable prophétie des catastrophes qu'entraîna la création des billets de banque de l'État.

« Il me semble, avait-il dit en commençant, qu'il n'est besoin que d'un petit nombre de réflexions pour démontrer l'absurdité de tous ces plans (de création d'assignats), et surtout pour faire connaître les conséquences cruelles et malheureusement irréparables qu'ils entraînent après eux. » Il fait alors cette démonstration. Il prouve que le billet de l'État perdra rapidement son crédit; que l'État sera entraîné à grossir ses émissions sans limites, au fur et à mesure même que son crédit diminuera; que le commerce en sera ruiné à l'intérieur et plus encore à l'extérieur; que tout travail sera tari, tout salaire déprécié; que bien loin d'empêcher les spéculations dont parlent si bruyamment les adversaires de la Banque, le système de l'État-banquier non seulement ruinera le pays, mais « naturalisera dans tout le royaume l'agiotage et la mauvaise foi », et il termine enfin par une péroraison qu'il faut citer tout entière :

« Je déclare, pour l'intérêt de la capitale et des provinces, pour l'intérêt du commerce et de l'agriculture, pour le maintien des propriétés et par respect des lois éternelles de la morale et de la justice, que je m'oppose à l'admission du projet que la Commission nous propose — (celui qui fut voté); — et, si nous pouvions le décréter, que je change mon opposition en protestation solennelle contre le décret qui sera porté, ajoutant que j'envoie dès ce moment le présent écrit soit comme opposition, soit comme protestation, d'abord à nos commettants, ensuite à toutes les Chambres de commerce, et enfin aux principales villes du royaume, voulant qu'il me serve de témoignage et de justification, lorsque les malheurs que je prévois seront arrivés. »

Ni ce discours — qui ne fut pas inséré au *Moniteur* — ni les efforts de personne ne servirent de rien. Les adversaires de la Banque avaient prononcé de ces mots qui bouleversent les âmes faibles, et jamais les Assemblées, en aucun temps ni en aucun pays, ne brillèrent par le courage devant les pharisiens.

C'est ainsi que le projet de Necker avait été repoussé, et la création de la *Caisse de l'Extraor-*

dinaire et de ses billets de banque décidée.

Jamais Isaïe, Osée, Ezéchiel, ni les plus illustres prophètes ne virent leurs prédictions aussi promptement réalisées que Nicolas Bergasse les siennes.

Le décret du 21 décembre 1789 est à peine promulgué en janvier 1790 que la sarabande des « billets de banque de l'État », car il faut les appeler par leur nom, commence !

On avait ordonné l'émission de 400 millions : que pouvait cette goutte d'eau ? Le 29 septembre 1790, c'est une nouvelle émission de 1,200 millions. En septembre 1791, — 100 millions de plus. Quelques semaines après, encore 100 millions. Le mois suivant, 200 millions de plus, et nous voilà, à la fin de 1791, à 2 milliards, au lieu de 400 millions prévus deux ans auparavant.

Avec l'année 1792, le mouvement s'accélère. Le 4 avril, 50 millions, — une misère ! Le 13 juin, 150 millions. Le 31 juillet, 200 millions. Le 24 octobre, — la Convention est arrivée, — 400 millions.

Nouvelle année, belle année 1793 : le 1er février, 700 millions de plus, d'un seul coup, — et désormais c'est l'avalanche ! Impossible de la suivre. Les décrets se précipitent les uns sur les autres comme les débris d'un monde qui s'écroule, au milieu du fracas de la guerre étrangère et des horreurs de la guerre civile, si bien que, en définitive, lorsqu'il fallut s'arrêter devant les ruines accumulées et tenter de ramener l'ordre, et que Ramel, ministre des finances, fit voter, le 30 pluviôse an IV (19 février 1796), la loi qui brisait la « planche aux assignats », il déclara qu'il avait été créé, depuis l'origine, pour 45 *milliards* 578 *millions* de billets de banque de l'État, et qu'il y en avait encore en circulation, à ce moment, pour environ 36 *milliards!*

Naturellement, vous le comprenez, une si formidable émission ne s'expliquait pas seulement par les besoins de l'État, mais par la dépréciation de son billet. Plus il avait besoin d'argent, plus il avait créé de billets; plus il créait de billets, plus leur valeur réelle tombait au-dessous de leur valeur nominale; — course insensée, au bout de laquelle se trouvait le dénouement prédit par Dupont de Nemours et par Bergasse. Vous savez ce que sont devenus les 36 milliards d'assignats et ce qu'ils valaient.

Consultez les documents du temps, les affiches officielles indiquant la valeur des billets de banque de l'État : l'échelle de dépréciation est effrayante.

Peu de temps après la première émission, en 1790, ils tombent à 91 pour 100.

En 1791, ils tombent encore, et descendent au minimum de 68 pour 100;

En 1792, le minimum devient 52 pour 100;

En 1793, il devient 29 pour 100;

En 1794, il tombe successivement à 22 pour 100, — à 15 pour 100, — à 2 pour 100.

En 1795, — lisez le tableau officiel de l'administration du département de la Seine, donnant les cours jusqu'au 1er thermidor an IV (19 juillet 1796), vous voyez que 100 francs en billets ne valent plus que *trois sous!*

Heureux succès de la conception financière du décret du 21 décembre 1789 : le sucre valant 470 francs la livre, le savon 252 francs la livre; la chandelle 140 francs la livre; — un abonnement d'un an à la *Gazette nationale* ou à tel autre journal quotidien, — 5,000 francs!...

Ce n'était pas, cependant, que l'État eût manqué de moyens, ni reculé devant ces moyens, pour tenter de maintenir à ses billets de banque leur valeur nominale!

Il avait décrété successivement :

Le 11 avril 1793, *six années de fers* contre quiconque fixait ou proposait des prix différents selon que les payements étaient effectués en numéraires ou en billets;

Le 1er août 1793, sur la proposition du bon Couthon, 3,000 francs d'amende et 6 mois de prison, — et en cas de récidive, 6,000 francs d'amende et 20 ans de fers, contre quiconque refusait les billets en payement pour leur valeur nominale;

Le 4 septembre 1793, l'arrestation immédiate

de toute personne ayant vendu ou acheté à des prix différents selon qu'ils étaient payés en numéraire ou en billets, — de toute personne ayant tenu des propos de nature à discréditer les billets, — et la *peine de mort* si ces actes avaient été accomplis « dans l'intention » de favoriser les ennemis de la République.

Lois, poursuites, amendes, prison, guillotine, aucun pouvoir, aucune violence n'avaient prévalu contre la force invincible des choses.

Rien n'avait pu donner la valeur à des objets n'en ayant point, le crédit à des titres ne l'inspirant point par eux-mêmes.

En tout ceci, rien n'est changé; rien ne peut changer; rien ne changera.

Voulez-vous recommencer?... (1)

(1) *Figaro* du 8 décembre 1896.

III

UN PÉRIL NATIONAL ET LES CAISSES D'ÉPARGNE

Il ne suffit pas, aujourd'hui, d'avoir appelé sur une question l'attention du gouvernement et des Chambres ; il faut appeler celle du public, en qui seul il reste assez de force pour déterminer un acte. Il n'y a plus, ailleurs, que des paroles.

Or, il s'agit de conjurer un véritable péril national ; et, pour cela, d'accomplir une sorte de révolution, bien simple d'ailleurs, bien facile et profitable à tout le monde.

Je veux parler des Caisses d'épargne, — dont le nom n'éveille dans l'esprit que des idées de paix, de travail, d'économie, de sécurité. Elles constituent pour la France un des plus grands dangers qui la menacent. Vous allez le comprendre.

Que se passe-t-il lorsqu'un brave homme va porter 5 francs à la caisse d'épargne de son village ?

La caisse prend ces 5 francs, mais ne les garde pas. Elle ne les emploie pas non plus elle-même à quelque usage industriel, financier, commercial, de façon à leur faire rapporter un bénéfice lui permettant de payer au brave homme l'intérêt de 3 pour 100, par exemple, qui lui sera servi. Elle est *obligée*, par la loi, d'envoyer ces 5 francs à Paris, quai d'Orsay, nº 3, à M. le directeur de la Caisse des dépôts et consignations.

Cet honorable directeur reçoit ainsi, chaque jour, une quantité considérable de pièces de 5 francs, et c'est lui qui est obligé d'en servir l'intérêt aux Caisses d'épargne.

Il faut donc qu'il le gagne, cet intérêt.

Comment le gagne-t-il?

Il envoie à son agent de change l'ordre d'acheter de la rente française. Cet agent de change reçoit donc, à son tour, les pièces de cinq francs venues de tous les coins de France, les passe à ses collègues qui ont des titres de rente à vendre, prend ces titres et les envoie au directeur de la Caisse du quai d'Orsay, qui les enferme dans un coffre, après les avoir fait inscrire *au nom* de son établissement : « Caisse des dépôts et consignations, etc. »

Quant aux pièces de cinq francs qui ont servi

à cette opération, elles sont rentrées dans le torrent de la circulation, et reviendront peut-être quelques jours plus tard, pour repartir encore, et ainsi de suite.

Il en est de même pour *rembourser*.

Quand le brave homme qui a porté cinq francs à la caisse d'épargne du village veut les reprendre, cette caisse ne les a plus, puisqu'elle les a envoyés à Paris. Elle les redemande donc au quai d'Orsay, qui ne les a plus lui-même, puisqu'il a acheté de la rente.

Heureusement que, en fait, les choses ne sont point ainsi. Les Caisses d'épargne reçoivent plus d'argent nouveau qu'elles n'ont à rembourser d'argent ancien. L'argent qui entre fournit donc celui qui doit sortir, et même davantage. De son côté, la Caisse des dépôts n'emploie pas tout l'argent des Caisses d'épargne en achats de rente; elle place au Trésor, en compte courant, les fonds nécessaires pour les éventualités courantes, et peut ainsi réserver jusqu'à 100 millions.

De sorte que le brave homme qui réclame ses cinq francs les a tout de suite.

Mais qu'une crise survienne : une révolution, comme en 1848; une guerre, comme en 1870, tout change!

Les déposants qui réclament leurs fonds sont beaucoup plus nombreux que ceux qui en apportent de nouveaux; les caisses d'épargne locales, privées de ressources, sont obligées de réclamer à la Caisse des dépôts; celle-ci est obligée elle-même de réclamer au Trésor; — et comme le Trésor est accablé de demandes de toutes sortes et de tous côtés, il se trouve promptement à sec et dans l'impossibilité matérielle de rendre aux déposants des Caisses d'épargne l'argent qui leur appartient et dont ils ont besoin. Il ne peut pas s'en procurer en vendant les rentes achetées par la Caisse des dépôts, car il écraserait encore davantage le marché public affaibli et ne ferait qu'aggraver le désastre.

Il est donc forcé de suspendre ses payements envers les déposants des Caisses d'épargne — et de ne rembourser que peu à peu, par fractions, par échelons.

C'est là, encore une fois, ce qui se passa en 1848 et en 1870.

Mais, en 1848, le total des sommes dues aux déposants des Caisses d'épargne ne dépassait guère 350 millions; en 1870, c'était 700 millions.

Aujourd'hui, c'est près de 4 milliards 1/2.

Oui : 4 milliards 1/2! Tout l'or (peut-être davantage), tout l'or qui existe en France, tant à la Banque de France et dans toutes les caisses publiques que chez tous les particuliers. Voilà ce que représentent les dépôts aux caisses d'épargne privées et postales. Et c'est l'Etat, le Trésor de l'Etat qui doit rembourser tout cela !

Eh bien! supposez que la guerre éclate, une grande guerre continentale, obligeant la France à mettre en ligne toutes ses forces.

Ce serait bien autre chose qu'en 1870, soit comme dépenses à faire par l'Etat, soit comme répercussions profondes dans chaque famille.

Ce n'est plus une armée de 300,000 hommes qu'il faudrait transporter, approvisionner; ce n'est plus 100,000 mobiles; ce n'est plus même 600,000 soldats improvisés, comme après le 4 Septembre, qu'il faudrait lancer aux frontières : — ce serait tout d'abord une armée active de plus de 2 millions d'hommes, avec les réservistes, et, aussitôt après — pour ne pas dire en même temps — une armée territoriale de plus de 1,200,000 hommes. En tout, 3 à 4 millions de soldats, et plus de 600,000 chevaux.

Sans doute, nous avons les armes, les munitions, les approvisionnements — pour un certain temps.

Il n'en resterait pas moins une dépense de « première mise » formidable, et une énorme dépense journalière d'entretien.

En 1870, il fallut à la Délégation de Tours jusqu'à 10 millions par jour. Les 5 premiers mois de la guerre coûtèrent environ 1 milliard 1/2, soit une moyenne de 300 millions par mois (déposition de M. de Roussy, p. 69 et 70). La dépense de 1871 fut également de 1,500 millions.

Calculez vous-même, maintenant, ce qu'exigerait d'argent — dès les deux premiers mois — une guerre actuelle, avec 3 à 4 millions de soldats! — Ce serait plus de deux milliards et demi!

Ce n'est pas tout.

La mobilisation générale appelant sous les drapeaux, dès le premier coup de tocsin, tous les Français aptes au service, de 20 ans à 45 ans, presque toutes les familles perdraient leur soutien, ou l'un de leurs soutiens.

Parti, le père qui nourrit la nichée.

Parti, le fils qui nourrit les vieillards.

Parti, le grand frère qui nourrit les orphelins.

Il faudra bien réclamer, d'urgence, et obtenir l'argent mis en réserve pour les mauvais jours.

Bien plus.

Ceux qui resteront, les tout jeunes, les femmes, les hommes de plus de 45 ans : — croyez-vous qu'ils pourront travailler, continuer de gagner au moins quelque argent, quelque salaire?

Mais il n'y aura plus de travail, plus d'industrie, plus de commerce — ou presque plus! Dans telle usine, occupant 1,000 ouvriers, dont 500 femmes, faites sortir 300 hommes, il faudra fermer l'usine et jeter sur le pavé les 700 qui restent.

Si bien que toute la population française non appelée aux armes sera relativement condamnée au plus redoutable chômage, en même temps qu'aux angoisses tragiques qui déchirent, en ces temps terribles, les cœurs les plus résolus.

Ah ! c'est alors qu'il faudra « mobiliser les capitaux » du Trésor, pour rendre à tout ce peuple, qu'on ne pourra pas laisser mourir de faim, l'argent sacré de ses épargnes, et pour organiser, pour soutenir les armées qui défendront la patrie, la terre où dorment les aïeux.

Mais, s'il faut dépenser, sans tarder, des *milliards* pour les armées — où prendra-t-on les 4 milliards et demi pour les familles des soldats créanciers de la Caisse d'épargne ?

Et, si on rembourse, comme il le faudra bien, bon gré mal gré, les 4 milliards et demi des caisses d'épargne, où prendra-t-on les *milliards* immédiatement nécessaires pour résister à l'invasion ?

Car le Trésor, ne vous y trompez pas, ne peut pas faire face aux deux dépenses à la fois. La Banque de France aurait beau joindre tous ses efforts, toutes ses ressources, aux efforts et aux ressources de l'Etat, ils ne pourraient suffire à une telle tâche !

Les Allemands l'ont bien compris.

Les Italiens aussi.

Les Autrichiens aussi.

Toute la Triple Alliance. Il n'y a que nous qui ayons adopté ou conservé un mécanisme financier à la rigueur possible autrefois, mais en contradiction formelle avec les conditions nécessaires de la mobilisation générale et de la guerre moderne.

En Allemagne, en Italie, en Autriche, les Caisses d'épargne sont libres; elles n'imposent aucune charge, ou presque aucune charge au Trésor, qui reste libre lui-même de tous ses mouvements, maître de toutes ses ressources, en cas de guerre, pour les besoins de la défense nationale.

Quel est donc le remède à notre si dangereuse situation?

Il est bien simple, et il n'en est qu'un. Il faut profiter de la paix pour rembourser, sinon en totalité, au moins en grande partie, les déposants des Caisses d'épargne, et pour modifier profondément, dans un sens libéral et fécond, la loi de 1895, — ainsi qu'on l'a d'ailleurs si souvent réclamé, le rapporteur, M. Aynard, en tête, pendant la discussion.

Actuellement, les livrets de plus de 1,000 francs représentent à eux seuls 3 milliards environ, parmi les 4,500 millions de dépôts.

Ces 3 milliards ont été employés à acheter des rentes 3 pour 100, qui furent achetées presque toutes à des époques où la rente 3 pour 100 ne valait que 70 fr., 75 fr., 80 fr., 85 fr., 90 fr., etc. — tandis qu'aujourd'hui elle vaut 102 à 103 francs.

En fait, les paquets de rentes ainsi achetées valent aujourd'hui, *au pair*, 3,500 millions, inscrits au nom de la Caisse des dépôts, et sur lesquels elle doit 3 milliards aux Caisses d'épargne (toujours pour les seuls livrets de plus de 1,000 francs).

Ces mêmes rentes, d'une valeur nominale, au pair, de 3,500 millions, en rente 3 pour 100, correspondent donc à un intérêt total annuel de 105 millions, que le Trésor encaisse chaque année d'une main pour la Caisse des dépôts, après les avoir pris de l'autre main dans la poche des contribuables.

Or, aujourd'hui, le Tonkin, les Compagnies de chemins de fer — l'Orléans, le Midi — empruntent en 2 1/2, à 90 francs, sans difficulté.

L'Etat n'a qu'à les imiter.

Qu'il émette, successivement, en deux ou trois fois, un emprunt de rente 2 1/2 pour 100, à 90 francs je suppose, de façon à recevoir *effectivement* les 3 milliards dont il a besoin pour rembourser les livrets de plus de 1,000 francs. Il trouvera de l'argent tant qu'il voudra.

Et quel sera le résultat de l'opération ?

1° L'emprunt nouveau, dans les conditions ci-dessus, sera inscrit au Grand-Livre pour une dette *nominale* de 3 milliards 333 millions (puisque, pour chaque somme de 90 francs reçue, on inscrira un titre de 100 francs) ; mais il permettra d'*annuler* sur le même Grand-Livre une dette nominale de 3,500 millions. — Donc, 167 millions de gagnés pour l'Etat, en *diminution* de sa dette.

2° L'emprunt nouveau exigera, pour le service annuel des intérêts, une somme totale de 83,325,000 francs ; — mais il permettra de supprimer les 105 millions que coûtent actuellement les 3,500 millions de rente 3 pour 100 qui seront annulés.

Donc, 22 millions *de moins* à demander chaque année aux contribuables pour les arrérages de la Dette.

En même temps que l'État rembourserait ainsi, tranquillement, les 3 milliards des gros livrets, une loi nouvelle devrait décréter les deux mesures suivantes :

Liberté pour les Caisses d'épargne privées d'employer directement (comme en Allemagne, en Italie, en Autriche, etc...), sous certaines conditions de surveillance et de contrôle, les fonds déposés. (C'est alors qu'on organiserait aisément le crédit agricole !)

Limitation à 500 francs du *maximum* des livrets de la caisse d'épargne postale.

Grâce à ces mesures, on conjurerait tout danger. On rendrait au Trésor sa liberté et ses ressources pour les jours de l'effort suprême. On ferait rentrer dans l'activité productrice des capitaux formés, qui dorment aujourd'hui, improductifs et onéreux, dans les coffres du Trésor, aux dépens des contribuables et des travailleurs les moins fortunés. On reviendrait enfin au bon sens, à la justice, aux règles les plus élémentaires de la science économique et financière.

Voilà beaucoup plus de motifs qu'il n'en faut — pour qu'on ne fasse rien !...

Et c'est pourquoi il faut s'adresser à vous, lecteurs électeurs, pour que vous sachiez vouloir, le moment venu (1).

(1) *Figaro* du 23 juin 1897.

IV

LA BANQUE ET LA GUERRE

On a beaucoup discuté à la Chambre le rôle de la Banque de France pendant la guerre de 1870 et celui qu'elle devrait jouer pendant la guerre future — (puisse ce futur le rester toujours!)

On a complètement oublié le caractère essentiel de la Banque et les conséquences nécessaires qui en découlent : il faut préciser, car les idées les plus fausses et les plus dangereuses ont été répandues sur ce sujet si important pour notre pays.

La Banque de France est un établissement particulier, d'ordre privé, comme toute société industrielle ou commerciale quelconque ; c'est une *banque d'escompte* libre, indépendante, qui s'est fondée le 24 pluviôse an VIII (13 février 1800), et à laquelle l'Etat a *ensuite* concédé, le

24 germinal an XI (14 avril 1803), le « privilège exclusif d'émettre des billets de banque », sans que son caractère privé en fût en rien altéré, non plus que par les lois et décrets de 1806 et de 1808.

Tel est le fait — fait capital, dominant — qu'il est essentiel de ne jamais perdre de vue, surtout lorsqu'on examine les éventualités de la guerre.

Pourquoi ?

Parce que suivant que la Banque restera institution privée — ou prendra, par une disposition quelconque, le caractère d'un établissement d'Etat, — elle sera, en cas d'invasion, respectée ou confisquée.

Vous voyez que la question vaut la peine d'être mise au clair.

Les Allemands et les Suisses l'ont parfaitement compris : les premiers, en 1889, lorsqu'ils ont discuté leur loi sur la Banque d'Allemagne ; les seconds, cette année même, lorsqu'ils ont rejeté par le *referendum* le projet de Banque d'Etat voté par l'Assemblée fédérale, moins bien inspirée en cette circonstance que le peuple lui-même.

A cette occasion, le Conseil fédéral fit examiner par des jurisconsultes éminents, le conseiller national Forrer et le professeur Hilty, quelle est, en cas de guerre, la situation juridique d'une banque, selon son caractère privé ou public.

La guerre, en effet, subit elle-même, dans notre siècle, l'influence grandissante — malgré ses variations — de la civilisation et du droit. Elle n'est plus, comme aux temps ou aux lieux lointains, le déchaînement sans limites de la fureur et de la force. Les gouvernements civilisés se glorifient de soumettre à des règles supérieures et permanentes de justice le fléau sanglant toujours si détesté des mères, et la Guerre fournit un chapitre au Code du Droit des gens.

Sans doute, ce code nouveau — qui n'est toutefois que le développement des principes confiés jadis aux Féciaux — n'est point encore formellement promulgué parmi les peuples et ne règne pas sur eux souverainement (ce jour-là verra la mort de la guerre elle-même) ; mais enfin il existe, il comprend des règles devenues sacrées, auxquelles pas un soldat victorieux, pas un gouvernement européen n'oserait manquer.

La guerre, pour être restée l'emploi de la force, n'est plus cet emploi sans frein et contre tous. Elle n'est plus la lutte bestiale entre tous les individus, mais seulement la lutte « entre les forces armées des nations ennemies ». Ce sont les Etats — et non les particuliers ressortissants — qui sont parties belligérantes, et l'honneur d'avoir fixé les principes essentiels du droit des gens contemporain, universellement reconnu, revient à notre Portalis qui dit si bien, en 1800, dans son discours d'ouverture du Tribunal des prises :

« C'est le rapport des choses et non des personnes qui constitue la guerre; elle est une relation d'Etat à Etat et non d'individu à individu. »

De là: le respect des propriétés privées établi, la suppression légale de la maraude et du pillage ; les principes affirmés par l'*Instruction* du président Lincoln aux armées des Etats-Unis par la conférence de Bruxelles, en 1874 ; par le *Manuel des lois de la guerre sur terre*, de l'Institut de droit international, en 1880, principes que le roi Guillaume lui-même consacra nettement, au début de la guerre de 1870, dans sa proclamation du 12 août :

« Je fais la guerre, dit-il, aux soldats français, mais non aux citoyens français. Ceux-ci continueront à vivre librement et à jouir de leurs biens, à moins que, par des entreprises hostiles contre les troupes allemandes, ils ne me privent eux-mêmes du droit de leur accorder ma protection. »

La conséquence, c'est que l'encaisse de la Banque de France doit être absolument respectée, comme toute autre propriété individuelle, en cas de guerre; tandis que, tout au contraire, elle deviendrait *de droit* « le butin de guerre de l'envahisseur », si elle pouvait être considérée comme la dépendance, ou la propriété de l'Etat.

En effet, l'armée envahissante a le *droit* reconnu de s'emparer du numéraire, des fonds et valeurs exigibles appartenant en propre à l'Etat, des dépôts d'armes, moyens de transport, magasins et approvisionnements, et en général de toute propriété mobilière de l'Etat de nature à servir aux opérations de guerre. Le matériel des chemins de fer appartenant à des sociétés privées, étant essentiellement de nature à servir aux opérations de guerre, peut être également saisi, mais à condition d'être restitué, avec indemnité à régler, lors de la paix.

Tels sont aujourd'hui les principes indiscutés du droit international, et qui ont notablement influé sur la décision du peuple suisse, au bon sens duquel ils ont paru présenter une « valeur prépondérante ».

Les Allemands n'avaient pas été moins frappés de cette considération, lors des débats du Reichstag sur la Banque d'Allemagne, en décembre 1889.

Un député ayant proposé le système de la banque d'Etat, le rapporteur de la Commission, M. Büsing, et le ministre d'Etat lui-même, M. de Bœtticher, combattirent énergiquement cette proposition en invoquant, comme un des motifs les plus puissants, la différence de sécurité entre une banque privée, comme la Banque de France, et une banque d'Etat, en temps de guerre.

« Si la Banque de France — dit le rapporteur du Reichstag, — dont tout le monde connaît le rôle brillant pendant et après la guerre de 1870, a sauvé le pays, ce fut, comme le disait M. Thiers, *parce qu'elle n'était pas banque d'Etat*. Ce mot est de nature à faire réfléchir les novateurs...

» En 1870, la succursale de la Banque de France établie à Strasbourg fut mise sous séquestre par l'autorité militaire allemande ; mais, sur une réclamation prouvant que la Banque était un établissement privé, le séquestre fut levé. Il aurait été maintenu, et l'Allemagne se serait emparée des valeurs de la succursale, si elle avait appartenu à l'Etat.

» ... Une autre raison très grave — dit plus loin M. Büsing — de s'opposer au rachat de la Banque, c'est la nécessité de *sauvegarder l'indépendance de la Banque*.

» En cas de guerre, l'Etat aurait la plus violente tentation de s'emparer de son *encaisse métallique et d'établir le cours forcé des billets, ce qui constituerait un très grand danger*. (Nous l'avons bien vu, en France, avec les assignats !...) Aujourd'hui, la Commission centrale *a tout pou-*

voir pour résister à l'Etat; en cas de rachat elle ne le pourra plus. »

Vous voyez avec quel soin les Allemands ont marqué le caractère privé de leur Banque — précisément en vue du cas de guerre — et combien ils sont loin de chercher à l'assujettir à l'Etat ou à s'emparer de son encaisse et de sa « planche aux billets », pour parler comme à la Chambre française.

Mais il y a mieux.

Certes, de telles déclarations, de tels discours, de tels votes, à Berlin et en Suisse, sont des faits considérables et décisifs.

D'autres événements, plus déterminants en core, se sont accomplis chez nous-mêmes, pendant la guerre de 1870, et ont consacré invinciblement le caractère inviolable de la Banque de France telle qu'elle est.

Le dimanche 4 septembre 1870, l'armée prussienne entrait à Reims. Aussitôt, un officier de l'intendance, suivi de soldats, se rendait à la succursale de la Banque et demandait à ouvrir les coffres pour s'emparer de l'encaisse, la considérant comme propriété de l'Etat.

Protestations énergiques du directeur, M. Wittmann, qui explique la situation, les droits, le caractère de la Banque de France.

— J'ai des ordres, répond l'officier. J'en référerai à mes chefs ; mais je dois obéir.

Et les ordres sont exécutés. Les fonds sont saisis et emportés à l'Hôtel de Ville, où ils sont placés sous la garde de troupes prussiennes. Cependant, le directeur de la succursale commence immédiatement ses démarches. Il voit les chefs, les généraux ; il montre, explique, commente les statuts. Le mardi 6 septembre, les fonds saisis lui sont restitués ; et, le lendemain, l'*Ordre* suivant lui est notifié :

« Aux termes de ses statuts, dont j'ai pris connaissance, la succursale de la Banque de France établie à Reims est une institution privée, qui a pour but unique de venir en aide au commerce et à l'industrie.

» En conséquence, les fonds qui se trouvent dans cet établissement *ne peuvent être exposés à aucune saisie ou à aucun arrêt*, tant qu'ils ne sont pas destinés à soutenir l'armée française.

» Quartier général,
» Reims, le 7 septembre 1870.

» *Le Commandeur de la 3e armée*,
» FRÉDERIC-GUILLAUME,
» Prince royal de Prusse. »

Voilà le document, jusqu'à présent inédit, qui a fixé définitivement, grâce à l'autorité souveraine de son auteur, qui l'écrivit tout entier de sa main, les droits de la Banque de France, comme de tout autre établissement privé, même devant l'invasion d'un ennemi victorieux.

Voilà le fait qui a sanctionné historiquement la doctrine.

L'incident de Strasbourg, rappelé au Reichstag par M. Büsing, ne fut qu'une conséquence de cette proclamation solennelle du prince qui devait mourir, dix-huit ans plus tard, sur le trône impérial germanique relevé par nos défaites, et qui écrivit ainsi, il faut bien le reconnaître, une page de l'histoire du droit des gens.

Mais cette conséquence fut particulièrement significative.

En effet, le 27 septembre, le jour de l'entrée à Strasbourg des soldats du général de Werder, le gouverneur général allemand, M. de Kühlewetter, ordonnait qu'on s'emparât de toutes les valeurs mobilières appartenant à l'Etat français et, nominativement, de la caisse de la Banque de France.

Le lendemain mercredi, 28 septembre, un capitaine allemand et sa compagnie, suivis d'un intendant, arrivent à la succursale et demandent les clefs de la caisse. M. Ott, le caissier, répond ne pas les avoir. On le menace de l'épée; il est contraint de céder et de montrer le caveau dans lequel avait été enfouie et murée l'encaisse. On perce le mur et on trouve 10 millions, dont environ 6 millions enfermés dans des sacoches portant des écriteaux avec la mention : « *A la disposition du Trésorier général.* » Le tout est mis sous séquestre.

Quelques jours après, le directeur de la Banque de Prusse arrive de Berlin, vérifie les livres et constate, dans les écritures, à l'actif du compte du Trésorier général, les mêmes indications que ci-dessus.

Cependant, la Banque de France réclame. Un jeune inspecteur, M. Robert, est envoyé pour soutenir sa réclamation. Il arrive le 26 octobre et il est mis en rapport avec M. de Sybel (l'historien), chargé spécialement de discuter cette affaire.

Et alors s'engage la controverse suivante :

— Le gouvernement prussien, dit M. de Sybel, veut respecter les établissements privés, et particulièrement la Banque de France, conformément à la déclaration du prince royal de Prusse. *Il ne se reconnaît aucun droit sur tout ce qui est réellement la propriété de la Banque de France.* Mais il ne saurait en être de même des sommes appartenant au Trésor et qui s'élèvent, tant à Paris que dans les succursales, à 204 millions. *C'est là une prise de bonne guerre.*

— Pas du tout, réplique M. Robert. Les fonds dont vous parlez n'appartiennent pas au Trésor. Il en est créancier envers la Banque, soit. Mais, *en fait de meubles, possession vaut titre.* Les monnaies d'or et d'argent, les billets qui se trouvent à la Banque sont *à elle.* Peu importe qu'elle en doive tout ou partie, à qui que ce soit : le tout n'en est pas moins sa pleine et exclusive propriété ! La Banque *n'est pas*, en effet, *le caissier* de l'Etat ; elle n'est que son banquier, et l'État n'a avec elle que les rapports d'un titulaire de compte courant, comme tout autre particulier.

Vous voyez d'ici la discussion. Le droit civil, le droit commercial, le droit écrit et coutumier, le droit romain, tout y passa ! Les deux jouteurs étaient de rare taille. Le combat ne finit qu'à Francfort, par le triomphe complet de M. Robert, dont la science, l'habileté, la persévérance méritaient une récompense publique — qu'il n'a pas suffisamment reçue, à mon avis, — non point pour avoir sauvé les six millions, mais pour avoir, lui aussi, ajouté un chapitre en action au grand livre du droit des gens.

Ce simple employé — qui est aujourd'hui, je crois, directeur de la succursale de Lyon, — a fait plus que bien des diplomates — et même que bien des « concerts européens » — pour la cause du « droit » parmi le genre humain.

Grâce à lui, le 11 décembre 1871, une convention additionnelle au traité de Francfort reconnaissait, dans son paragraphe 9, le droit de la Banque à liquider seule et par ses agents ses succursales d'Alsace-Lorraine, et, les 12 et

13 janvier 1872, l'Allemagne restituait à la Banque de France les 6,361,000 francs séquestrés à Strasbourg, dans les fameuses sacoches du caveau muré.

Je recommande ces faits à la méditation des « novateurs » et aux réflexions des députés et des sénateurs, lorsqu'ils auront à délibérer sur des amendements de nature à altérer la personnalité indépendante de la Banque de France (1).

(1) *Figaro* du 26 juin 1897.

LE VRAI PROGRAMME POLITIQUE

I

LA DICTATURE

Les bonnes âmes se lamentent sur l'impuissance de la Chambre. Hier encore, M. Goblet, espérant vainement empêcher nos députés d'aller goûter aux champs en fleurs un repos si bien mérité, énumérait les projets qu'elle aurait dû et n'a pu voter. M. Méline lui répliquait triomphalement en évoquant l'interminable cortège des interpellations développées par ses amis, depuis le 12 janvier, et en exprimant l'espérance que la prochaine session sera plus féconde.

Les bonnes âmes, M. Goblet, M. Méline se trompent également, mais sur des points divers, si bien qu'en additionnant leurs erreurs particulières, on obtient l'exacte erreur totale dont ils sont dupes et victimes.

Autant il est juste de constater l'étendue et la profondeur du gâchis « parlementaire » où s'enlise la France, autant il est chimérique de supposer que le système actuel puisse produire d'autres résultats; mais autant il est heureux que les Chambres ne puissent faire aboutir que peu de lois. Leur impuissance est un moindre mal que leur fécondité, car plusieurs de nos maux viennent de lois détestables, qui ont malheureusement abouti ; et plus l'évolution des choses existantes se poursuivra, plus les lois nouvelles seront funestes, étant inspirées de plus en plus, non point par le souci de servir utilement le pays — que personne ne représente, — mais par le souci de plaire aux électeurs en flattant leurs préjugés et leurs passions.

De quelque sujet qu'il s'agisse, armée, finances, administration, commerce, la considération dominante, sinon unique, est la raison électorale. Quelle disposition serait la plus efficace pour le bien public : qui s'en occupe? Laquelle sera le mieux accueillie par les électeurs et favorisera le plus sûrement la réélection du député? à la bonne heure! Le Palais-Bourbon est devenu la Cour. Tous les ravages psychologiques exercés jadis dans l'âme des courtisans des *Caractères* par le désir de briller aux premiers rangs des seigneurs tout à l'ambre et de plaire au Roi-Soleil, on peut les observer aujourd'hui chez la plupart des élus, — et même chez tous les électeurs aspirant à la gloire d'être élus.

La science contemporaine a découvert le microbe de la peste, le microbe du tétanos, celui du charbon, vingt autres, et, mieux encore, les moyens de les combattre et de les vaincre. M. Duclaux nous révélait récemment, dans un article admirable de la *Revue de Paris*, comment il faut donner aux globules blancs de notre sang une éducation spéciale leur apprenant à dévorer, dès qu'ils apparaissent, ces redoutables ennemis de l'homme. Quel Pasteur découvrira le microbe électoral et le *phagocyte* bienfaisant capable de l'exterminer?

Notre mal, du reste, n'est pas nouveau. Polybe l'a exposé, trait pour trait, point par point, avec une profondeur et une puissance de vue prophétiques. Après avoir montré par quels moyens se forma et grandit la République romaine, il en arrive à prédire comment elle pourra décliner, suivant ainsi l'exemple de tous les gouvernements et de tous les peuples qui avaient précédé l'ennemie victorieuse de Carthage et de sa propre patrie.

« Pour moi — dit-il — rien n'est plus clair. Lorsqu'une république, après s'être heureusement délivrée de plusieurs grands périls, est parvenue à ce degré de force où ses adversaires ne peuvent plus rien lui disputer sérieusement, le peuple ne peut jouir longtemps de ce bonheur. Une ambition démesurée s'empare de tous les esprits; on recherche avec une avidité excessive les honneurs et la conduite des affaires. Ces désordres faisant tous les jours de nouveaux progrès, la passion de commander et l'espèce d'infamie que l'on attachera à l'obéissance commenceront la ruine de la république; l'arrogance et le luxe l'avanceront, et le peuple l'activera. Emporté par la colère et n'écoutant plus que ses erreurs, le peuple secouera toute autorité il se l'attribuera tout entière. Alors, le gouvernement gardera bien le beau nom de république, c'est-à-dire d'Etat libre et populaire; mais ce ne sera que la domination d'une populace aveugle, ce qui est le plus grand de tous les maux. »

Ainsi le clair penseur devinait les désordres futurs où devait sombrer, devant Sylla et définitivement devant César, la liberté romaine.

Les puissants politiques qui avaient brisé le pouvoir des rois de Rome et fondé la République avaient pourtant imaginé une institution extraordinaire, afin de préserver la liberté ou de sauver la patrie menacées par des périls trop pressants: troubles intérieurs, conspirations des partis, révoltes civiles ou guerres étrangères; — c'était la dictature.

Non point, certes, cette dictature, la seule que nous connaissions, la seule que ce mot évoque dans nos esprits, violente, brutale, née dans le sang et dans le renversement des lois ; mais la dictature régulière, organisée, systématique, constitutionnelle comme nous dirions, et tirant son nom de ce que le consul lui-même désignait, *dictait*, le nom du citoyen chargé de cette magistrature suprême.

Ce fut, on le sait, aux débuts mêmes de la République, moins de trente ans après la chute des rois, que les Romains instituèrent la dictature. Des troubles profonds agitaient l'Etat. Trente peuples ligués menaçaient la République, et les consuls s'efforçaient vainement d'enrôler les troupes. L'autorité du Sénat languissait, impuissante. Ni magistrats, ni censeurs, ni tribuns, ni préteurs, ni lois ne suffisaient à répandre la vie et l'action. Les plus fiers républicains comprirent qu'il fallait concentrer, pendant quelque temps, dans les mains d'un seul homme, tous ces lambeaux du pouvoir dispersés, pour que l'unité lui rendît une énergie indispensable au salut de la patrie. Le Sénat lui-même décréta qu'il serait nommé un « dictateur », un « maître du peuple », investi pour six mois du pouvoir suprême. Il pourrait tout. Rien ne pourrait contre lui. Le consul Cominius le choisirait sans retard, la nuit prochaine, après l'observation des auspices, le milieu de la nuit étant le moment le plus favorable pour les interroger; le dictateur, ne pouvant monter à cheval, en sa qualité de chef de l'infanterie, déjà la reine des batailles, il choisirait son « maître de la cavalerie », et il marcherait, dans Rome même, précédé de vingt-quatre licteurs portant les faisceaux avec les haches!

Tel fut le décret du Sénat, rendu l'an de Rome 251, soit 501 ans avant Jésus-Christ, conservé par Tite-Live, par le récit de Marcus dans les *Lois* de Cicéron, par dix autres auteurs, par le *Digeste* lui-même.

Le premier dictateur, aussitôt élu, fut T. Lartius, un des consuls en exercice, et dès qu'il apparut, le lendemain matin, dans les rues de Rome, l'ordre se rétablit subitement.

Il était devenu impossible de chercher à mettre en conflit les différentes autorités de la République, d'exploiter les rivalités des deux consuls, les ambitions ou les jalousies des membres du Sénat. Il n'y avait plus qu'un chef, une volonté, un ordre, une force. Les enrôlements se réalisèrent immédiatement. Les Sabins, tremblants à la nouvelle de la résolution de Rome, s'empressèrent d'envoyer au dictateur des ambassadeurs pour demander la paix.

La dictature légale était fondée, et ses bienfaits démontrés.

Elle subsista dans la « Constitution » romaine pendant trois cents ans, mise en jeu toutes les fois que la paix intérieure ou la sécurité extérieure se trouvèrent gravement compromises. C'est par elle que la liberté et la République furent sauvées, en 437, lors de la fameuse conjuration du brillant Sp. Mælius, célèbre par la beauté de son cheval, et qui, après s'être acquis une popularité immense par les libéralités, les largesses, les distributions de blé qu'il faisait à la multitude, grâce à l'argent que lui fournissaient ses amis, avait préparé le renversement de la République et le rétablissement de la royauté à son profit. Le péril était devenu si pressant que les consuls Quinctius Capitolinus et Agrippa Ménénius Lanatus et le Sénat tout entier n'hésitèrent point : ils appelèrent d'urgence à la dictature, malgré ses quatre-vingts ans, le sage et intrépide Quinctius Cincinnatus, qui, déjà deux fois, avait sauvé Rome, comme dictateur, et s'était retiré dans son champ, quittant le glaive pour la charrue.

Cincinnatus pria les dieux immortels de ne pas permettre que sa vieillesse, dans une telle crise, attirât sur la République ni affront ni dommage, et obéit à la désignation du consul. Le lendemain, le conspirateur était abattu, la liberté hors d'atteinte, et Cincinnatus, se démettant presque aussitôt de la dictature, retournait à son champ.

C'est par la dictature encore que la République put déjouer les vastes complots ourdis contre elle à Capoue, en même temps que les révoltes éclataient de toutes parts, à Lucérie, chez les Samnites, dans la Campanie; de même qu'auparavant, pendant ces années terribles qui virent nos aïeux envahir victorieusement l'Italie, sous la conduite de Brennus, et faire trembler si profondément Rome pour son indépendance, il avait fallu, pour sauver la patrie, élever cinq fois à la dictature ce Furius Camille, resté dans l'histoire des grands citoyens comme l'exemple d'un homme « vraiment unique en toute fortune », et qui mérita si justement le titre de Second Fondateur de Rome.

Puis un jour vint, après la chute de Carthage et le triomphe définitif de Rome sur le monde, où le recours exceptionnel à la dictature fut abandonné.

Remarque saisissante; paradoxe apparent, mais logique profonde des choses : lorsque cette institution tomba en désuétude, on vit peu à peu naître et se multiplier, jusqu'à déchirer l'Etat, les difficultés et les désordres politiques décrits par Polybe, si bien qu'il semble que la dictature constitutionnelle fût la compagne fidèle, pour ne pas dire la garantie, de la liberté des Romains et de la prospérité de la République, puisqu'un siècle après sa disparition, on vit surgir — non plus pour six mois, par décret du Sénat, par désignation du consul et avec la consécration des auspices, mais par coup de force — la dictature prolongée et sanguinaire de Sylla, et disparaître la liberté, puis bientôt la République.

Nous sommes aujourd'hui aux prises avec des problèmes politiques et sociaux non moins graves que ceux qui tourmentèrent la République romaine, malgré les différences des temps et des conjonctures, et dans l'impossibilité démontrée d'agir.

Nul ne saurait proposer le remède, devenu impossible pour cent motifs, que le Sénat romain sut imaginer et pratiquer si heureusement pendant trois siècles. Ceux qui l'espèrent rêvent.

Et pourtant l'œuvre de salut nécessaire à accomplir pour la France, n'est pas moins urgente que lorsque Brennus et nos pères, ou lorsque les conspirations, les discordes civiles, les entreprises de destruction sociale menaçaient Rome; et jamais l'anarchie et l'impuissance des pouvoirs publics ne furent si profondes entre les Sept Collines qu'elles ne le sont dans notre troisième République, — malgré de si nombreuses bonnes volontés, et de si loyales intentions chez quelques-uns des divers gouvernants.

N'est-il donc point de remède?

N'est-il donc plus d'espérance?

N'avons-nous plus qu'à attendre, résignés, le dénouement fatal dans l'imbécillité ou dans la servitude ?

Non !

Notre salut est dans nos mains. Nous n'avons qu'à vouloir. Et je dirai ce qui reste à faire — pour la France et par la liberté (1).

(1) *Figaro* du 21 avril 1897.

II

LA PARODIE PARLEMENTAIRE

Les ennemis du régime parlementaire tracent chaque jour le tableau le plus lamentable de notre système politique et de ses funestes résultats pour la France : quelles que soient leur verve et la virulence de leurs critiques, ils restent au-dessous de la vérité. Le mal est si étendu, si profond ; nous y sommes depuis si longtemps plongés, que nous n'en apercevons plus la gravité et les ravages réels. Même quand nous croyons en avoir le plus nettement conscience, nous nous faisons illusion sur notre état, et les plus alarmistes médecins Tant-Pis sont eux-mêmes dupes d'un optimisme et d'un endurcissement intellectuel, fruits de l'accoutumance, qu'ils ne soupçonnent point. Les incidents de chaque jour dispersent aussi notre attention, nous empêchent de la porter sur l'ensemble des événements pendant une certaine durée, d'en apercevoir les liens, les caractères, les conséquences produites et les prochaines ; si bien que les phénomènes les plus monstrueux, qui feront la stupeur des historiens futurs, nous échappent aussi complètement que s'ils se déroulaient dans une autre planète.

Nous nous épuisons en gémissements sur l'embarras de nos finances, la routine de nos administrations, l'anarchie de nos pouvoirs publics, et nous en accusons les cieux et la terre : nous oublions que, depuis la troisième République, nous avons changé 39 fois de gouvernement !

Oui ; en 26 ans, du 4 septembre 1870 au 29 avril 1896, comptez bien : vous trouverez *trente-neuf* ministères, trente-neuf cabinets, trente-neuf gouvernements enfin, en établissant cette nomenclature d'après le nombre des ministères pris en bloc. Si l'on compte les changements opérés dans les départements ministériels isolément considérés, on trouve des chiffres encore supérieurs : aux finances, par exemple, la liste publiée en tête du *Bulletin* de ce ministère indique 47 changements !

Changez 47 fois, ou même 39 fois (ou même beaucoup moins), en vingt-six ans, les administrateurs, les directeurs de nos Compagnies de chemins de fer, de la Banque de France, du Crédit lyonnais, du Creuzot, du *Bon Marché*, du *Louvre*, de l'épicerie Potin ; de quelque société industrielle, commerciale, financière, de quelque ferme, de quelque domaine agricole, de quelque magasin, de quelque boutique, de quelque « caboulot », de quelque « roulotte » que ce soit, et vous m'en direz des nouvelles !

Vous verrez quelle décadence, quelle ruine, quelle banqueroute remplaceront partout, sans même attendre dix ans, la prospérité la plus solide et la plus brillante !

Et il ne s'agit pas ici d'une entreprise privée, quelque vaste, quelque complexe qu'elle puisse être : il s'agit d'un pays tout entier de 38 millions d'habitants, avec ses 5 milliards de budgets, son armée, sa flotte, ses intérêts économiques présents et futurs dans l'univers, ses relations extérieures avec tous les peuples ; il s'agit de lutter pour la vie avec les nations les plus puissantes, les plus redoutables, servies, quelquefois, par les gouvernements les plus habiles, les plus forts, maîtres du temps et de l'heure ; il s'agit du gouvernement de la France enfin, — de la France, entendez-vous bien ? avec toute son histoire derrière elle ; avec son patrimoine incomparable de gloires, de grandeurs, d'efforts, de sacrifices, d'œuvres sublimes parmi le genre humain ; il s'agit de conserver tout cela, de le « restituer » dans son intégrité, de l'agrandir (car qui ne grandit pas tombe) et de léguer à ceux qui viendront après nous plus que nous ne reçûmes, — au moins, certes ! tout ce que nous reçûmes.

Et pour accomplir dignement cette tâche, ce devoir national historique et sacré, nous n'avons rien trouvé de mieux que de changer 39 fois en un quart de siècle les gouvernements chargés d'une si formidable mission !

Quel peuple fut jamais frappé d'une telle démence ?

Que sont, auprès de cette frénésie de désordre, de cette fureur d'anarchie, les extravagances byzantines racontées par Procope ou par Comnène et préludes de la chute finale ?

Considérez les sept assemblées qui se sont succédé chez nous depuis 1871 : l'Assemblée nationale elle-même n'a guère été plus sage que les Chambres venues après elle. Une fois M. Thiers renversé, du 24 mai 1873 au 23 février 1876, en moins de trois ans, elle a déterminé quatre changements de ministère. Mais la Chambre de 1881, en quatre ans, en a renversé six et elle morte sous le septième ! De novembre 1881 à novembre 1885, c'est donc sept gouvernements différents, — ceux de Jules Ferry, de Gambetta, de Freycinet, de Duclerc, de Fallières, de Jules Ferry de nouveau, de Brisson, soit une durée moyenne de *sept mois* pour chaque gouvernement. Sept mois! cela ne suffit même pas à un valet de chambre pour bien connaître son service dans une nouvelle maison.

De même, la Chambre élue en 1885 (qui acclama puis conspua Boulanger) soutint, abattit, releva, renversa, approuva successivement *sept* ministères opposés — Brisson, Freycinet, Goblet et Boulanger, Rouvier, Tirard, Floquet, re-Tirard — et, par-dessus le marché, renversa un Président de la République. Qui s'en souvient?

N'avons-nous pas vu, depuis le mois de novembre 1893, la Chambre actuelle tour à tour applaudir et traîner aux gémonies le cabinet Dupuy, le cabinet Casimir-Perier, le second cabinet Dupuy, le cabinet Ribot, le cabinet Bourgeois, le cabinet Méline, *six* gouvernements en *trois ans et demi;* mieux encore, amener la chute du Président de la République qu'elle avait élu, — et tout cela en attendant peut-être les surprises prochaines?

Connaissez-vous dans Paris — non point aux Champs-Elysées, ni place Vendôme, mais aux quartiers des Grandes-Carrières, de la Goutte-d'Or, du Combat ou de Javel — une maison croulante, une baraque lépreuse où le propriétaire ait changé, pendant le même temps, aussi fréquemment de concierge?

Et vous voulez, à ce régime, que la France joue son rôle dans le monde, qu'elle y fasse figure, qu'elle y soit honorée, recherchée, redoutée, respectée; que ses affaires se développent, que son crédit s'affermisse, que la confiance et l'esprit d'initiative animent ses enfants et les poussent à l'action; que l'âme de la nation s'échauffe, s'élève, redouble de vaillance, ainsi que le destin l'exige?

Vous voyez que les critiques des adversaires d'un pareil système politique n'ont rien d'exagéré, et que les malédictions de leur patriotisme exaspéré ne s'expriment qu'en ton mineur.

Il ne faudrait pas croire que ce désordre et cette anarchie « parlementaires » soient le fruit et le monopole de la République.

Le régime parlementaire a fonctionné chez nous sous la Restauration, sous la monarchie de Juillet; il se trouva alors dans des circonstances ambiantes infiniment plus favorables, en présence de difficultés singulièrement moindres: il ne donna guère de plus heureux résultats qu'aujourd'hui.

Discordes intérieures des assemblées, rivalités des groupes et des sous-groupes, jalousies et rancunes personnelles, intrigues de couloirs, turbulences des médiocrités ambitieuses, courtisaneries électorales, conspirations des partis coalisés contre le cabinet au pouvoir et conspirations des membres du même cabinet les uns contre les autres pour se créer une situation personnelle privilégiée et se ménager une place dans la combinaison ministérielle prochaine; instabilité prodigieuse des cabinets et, par là même, impuissance gouvernementale, impossibilité absolue, même matérielle, de toute méthode, de toute prévoyance, de toute œuvre de longue haleine : tel est le spectacle que nous offre l'histoire parlementaire française, en traits non moins saisissants dans le passé que dans le présent.

Regardez les règnes de Louis XVIII, ce roi d'esprit si fin, si subtil, si avisé, et de Charles X, si jaloux de ses prérogatives, si autoritaire : de 1814 à 1830, en quinze ans — ce long espace de la vie humaine, ce court espace de la vie des peuples, — vous trouvez cinq Chambres et *dix* ministères.

Certes, dix ministères en quinze ans ce n'est pas 39 en vingt-cinq ans! mais enfin ce n'est qu'une moyenne de dix-huit mois par gouvernement, et, si l'on met à part le ministère de Villèle, qui dura 7 ans, il reste 9 cabinets en 8 ans, ce qui n'est point trop indigne d'une comparaison avec la période de sarabandes ministérielles où nous avons le bonheur de vivre.

C'était, diront les panégyristes, le début du régime parlementaire; la France, les députés n'y étaient point habitués : il leur fallait le temps de l'éducation.

Soit.

Fit-on mieux sous Louis-Philippe, après les leçons de 1816, de 1827, de 1830, après l'expérience de quinze années ?

Nullement. Deux ministères pour la Chambre de 1830 à 1831 ; deux pour celle de 1831 à 1834 ; *six* pour la Chambre de 1834 à 1837, qui était joliment dans « le train », n'est-ce pas ? En définitive, en comptant bien, *dix-huit* changements de ministère en moins de dix-huit ans : voilà le bilan. Je ne dis rien des « dessous », de l'histoire des coulisses parlementaires de cette époque ; je connais peu d'études plus affligeantes. Ce n'est point, cependant, les hommes de valeur, de savoir, de courage, de dévouement, qui manquèrent sous Louis-Philippe, ni sous la Restauration, pour servir efficacement et grandement la France. Ce fut le « régime » qui les frappa de diminution de tête, qui les usa, qui étouffa leurs qualités, les condamna à des fautes nuisibles au pays comme à eux-mêmes.

Passons sur la deuxième République, sur les *douze* ministères qui se précipitèrent de 1848 au 2 décembre 1852 ; sur le second Empire, sur les *cinq* ministères qui se succédèrent, après l'âge du pouvoir personnel, pendant l'âge « libéral.... » de 1863 à 1870, y compris le ministère

Palikao, qu'il faut bien mentionner pour obéir aux règles de la statistique. Aussi bien, il n'était pas alors question, malgré le décret du 19 janvier 1867 et le sénatus-consulte du 8 septembre 1869, d'appliquer intégralement les principes sacro-saints du parlementarisme.

En résumé, depuis la fin du premier Empire, depuis que la France a voulu chercher dans le régime parlementaire l'appareil de son *self-government;* depuis qu'elle a cru assurer la direction de ses destinées et la jouissance de ses libertés en organisant, sous des formes d'ailleurs diverses dans leurs détails, ce qu'on appelle chez nous le régime représentatif, la souveraineté nationale, la responsabilité ministérielle, elle n'a fait que s'épuiser en vains efforts, de crise ministérielle en crise ministérielle, de révolution en révolution, se débattre en convulsions qui usent peu à peu sa clairvoyance, son esprit, sa raison, le génie de sa race, et lui préparent quelque subit et lamentable dénouement, tandis que grandissent et prospèrent ses rivaux.

Tels sont les fruits du régime. Aveugle qui ne le voit point !

Mais ce régime est-il bien le « régime parlementaire » ? N'en est-il pas, au contraire, la grotesque et dangereuse parodie ?

En adoptant tels organes du mécanisme général, n'avons-nous point oublié tel et tel autre, plus essentiels encore, et dont l'absence dénature et fausse tout l'ensemble ?

C'est là ce qu'il faut rechercher. (1)

(1) *Figaro* du 29 avril 1897.

III

LE GOUVERNEMENT PARLEMENTAIRE

Lorsque nous avons établi en France le régime parlementaire, nous avons eu la prétention d'imiter l'Angleterre : le spectacle qu'elle nous présente n'a cependant guère de ressemblance avec celui que nous offrons à l'ironie du monde.

Assurément nous trouvons chez nos voisins comme chez nous un chef d'État irresponsable, un pouvoir exécutif exercé par des ministres responsables, un pouvoir législatif représenté par deux Chambres ; mais ce n'est là que la superficie des choses. Allons au fond.

Le gouvernement anglais est-il mobile et éphémère comme chez nous ? Le Persan de Montesquieu pourrait-il écrire aujourd'hui de Londres, comme de Paris, sous le Régent, à son ami de Smyrne : « Les ministres se succèdent et se détruisent ici comme les saisons ? »

Voit-on la même chambre des communes élever et renverser successivement 12 à 14 ministères, ce qu'elle ferait si elle pratiquait, pendant les sept années de sa durée légale, le même « régime parlementaire » que nos Chambres des députés pendant leurs quatre années d'existence?

Voit-on la même Chambre des communes, composée des mêmes hommes, former tour à tour les majorités les plus contradictoires, appuyant pendant six mois un ministère libéral, pendant les six mois suivants un ministère socialiste, pendant les six mois qui succèdent un ministère composite, pendant les six mois d'après un ministère radical, pendant six mois plus tard un ministère d'arlequin, et ainsi de suite, de semestre en semestre, pendant tout la législature, si bien que Pascal perdrait son génie à chercher le moindre « roseau pensant » parmi cette foule en perpétuelle métamorphose, où il compterait en revanche tant de « toupies hollandaises? »

C'est un spectacle tout contraire que nous montrent les cabinets et les Parlements britanniques.

La reine Victoria, couronnée en 1837, va célébrer le mois prochain la soixantième année de son règne ; la Chambre des communes qui siège actuellement est la 14e depuis son avènement : or, le cabinet Salisbury est le 20e de ceux qui ont gouverné l'Angleterre depuis la même date.

Chez nous, depuis 1837, nous comptons 66 ministères, et nous en compterions bien davantage sans les dix-huit années du second Empire.

Depuis 1868, il y a eu *sept* Chambres des communes, y compris la Chambre actuelle élue au mois de juillet 1895 — et le cabinet Salisbury est également le *septième* de la même période. (On sait que nous sommes, en France, au *trente-neuvième* ministère depuis le 4 septembre 1870.) C'est-à-dire que, pendant ces vingt-neuf dernières années, on compte, en Angleterre, le même nombre de gouvernements que de Chambres.

Chaque Parlement n'a eu qu'une politique et par conséquent qu'un gouvernement, — ou qu'un gouvernement et par conséquent qu'une politique ; — ou, du moins, lorsqu'il a changé sa politique ou changé son gouvernement, il a mis fin du même coup à sa propre existence et doit se présenter devant la nation pour faire juger par elle sa conduite.

Ainsi :

La Chambre élue en 1868 reçoit du pays une majorité démocratique ; aussitôt la Reine constitue le cabinet Gladstone. Des motifs politiques, une nouvelle loi électorale (sur le vote secret) l'amènent à provoquer des élections générales en 1874, et la nation choisit, cette fois, une majorité conservatrice : la Reine nomme aussitôt un ministère à son image, présidé par M. Disraeli. Cela dure encore six ans.

En avril 1880, retour du pays aux démocrates; de nouveau, majorité démocratique, et ministère démocratique avec M. Gladstone. La majorité se désagrège en juin 1885 et M. Gladstone se retire; le pouvoir passe aux conservateurs, à lord Salisbury, la Chambre ayant encore deux ans de vie: pensez-vous que cette Chambre, ayant adopté en 1880 une politique déterminée, va soutenir une politique contraire, va donner ce spectacle déconcertant de députés, de mandataires chargés d'une mission par leur souverain et en accomplissant une autre?

Pas du tout. La Chambre qui a changé d'avis — (c'était son droit, elle a bien fait si elle a cru devoir le faire) — va expliquer ses motifs devant le seul juge, le seul maître : la nation. C'est la question irlandaise qui a déterminé la crise : lord Salisbury ne se sent pas le droit de décider. Il ne cherche pas à s'appuyer sur une majorité nouvelle, qui comprendrait ses amis sans doute, mais aussi, inévitablement, des hommes élus pour soutenir — et qui ont soutenu — une politique contraire à la sienne. Et tout le monde va devant le grand juge : devant les électeurs.

La question est claire, puisqu'elle est bien posée ; elle est bien posée, puisqu'elle est posée au bon moment, tout de suite, quand les événements sont précis et présents à tous les esprits, quand toutes les responsabilités sont nettement déterminées.

Voilà le bon sens, la sincérité, la probité politiques. A la bonne heure! On ne joue pas au plus fin. On n'équivoque pas. On ne dissimule rien. On ne se traîne pas en compromissions, en marchandages, en ruses humiliantes. On va droit au but, en plein champ de bataille, au grand soleil de la vérité et de la liberté, comme il convient à un peuple capable et digne de se gouverner, à des députés et à des ministres qui sont de vrais hommes d'Etat et non point des coureurs de suffrages.

Les élections de janvier 1886 donnent raison à M. Gladstone. Il reprend aussitôt le pouvoir, avec la nouvelle Chambre. Mais les divisions intérieures, les dissentiments sur la question irlandaise, qui avaient amené la rupture de 1885 entre la majorité et son glorieux chef, renaissent. La Chambre des communes rejette, le 7 juin 1886, le *bill* présenté par Gladstone.

Que fait la reine? — (J'allais dire le Président de la République...)

Cherche-t-elle à constituer un cabinet différent, devant gouverner avec la nouvelle majorité qui s'est formée pour renverser M. Gladstone?

Pas du tout. Une fois encore, elle s'adresse au pays, seul souverain, et comme c'est à

M. Gladstone personnellement que le pays avait témoigné sa confiance six mois auparavant, elle le maintient au pouvoir. C'est devant lui que la Chambre, dissoute, se retire.

La question irlandaise s'est précisée, s'est éclaircie ; les détails se sont accusés ; les conséquences de telle ou telle résolution sont devenues manifestes : il faudra bien, cette fois, prendre un parti définitif. Le pays a compris : il abandonne les dangereuses conceptions de M. Gladstone, et donne la majorité à ceux qui l'ont combattu et dont le chef est lord Salisbury, par la grande manifestation électorale de juillet 1886.

Nouvelle Chambre et nouveau ministère Salisbury. En voilà pour six ans, jusqu'en janvier 1892. Et ainsi de suite. Une Chambre : un cabinet. C'est la loi des deux unités.

En voulez-vous une preuve plus éclatante ? Elle nous est fournie par la retraite de M. Gladstone en 1894. Le cas est absolument significatif.

La Chambre élue en juillet 1892 l'avait été avec une majorité de 40 voix contre lord Salisbury. C'est par 350 voix contre 310 qu'elle avait adopté, le 11 août, la motion de « non-confiance », présentée par M. Asquith, déterminant ainsi, dès les premiers jours de son existence, la politique qu'elle voulait suivre sous la conduite de M. Gladstone ; — et celui-ci avait constitué aussitôt son ministère.

Les choses duraient depuis près de deux ans, lorsque, en mars 1894, l'illustre homme d'Etat, chargé d'années, demande que le fardeau des affaires soit confié à un plus jeune combattant et se retire.

Voilà un changement de ministère : la Chambre va donc être dissoute ?

Nullement. Ce n'est pas le cas. Rien n'est changé dans la politique. La majorité issue des élections de 1892 ne s'est point disloquée ; elle n'a pas modifié ses opinions, sa direction, ses vues générales ; elle n'a pas retiré sa confiance au cabinet, ni repoussé une de ses propositions essentielles ; les partis subsistent dans le même état qu'auparavant, ils restent ce qu'ils étaient : il n'y a qu'un grand homme de moins ; — mais enfin, s'il était mort, il faudrait bien vivre sans lui.

Aussi, la Reine ne prononce pas la dissolution. Il n'y a pas de question à faire juger par le pays, mais seulement à remplacer, à la tête d'une armée restée fidèle et disciplinée, le généralissime disparu. La Reine se borne donc à donner à lord Rosebery, désigné par la majorité elle-même, la succession de M. Gladstone, si bien que le cabinet Gladstone continue sous un autre nom.

Mais voici que les difficultés augmentent, les dissentiments surgissent peu à peu, la confiance et l'entente réciproques du gouvernement et de la majorité s'altèrent, et enfin arrive un jour, le 21 juin 1895, où la Chambre, pour manifester sa désapprobation de la politique ministérielle, notamment dans les questions étrangères et dans la question militaire, diminue de 100 livres sterling le traitement du ministre de la guerre, par 132 voix contre 127.

La rupture était nette. Lord Rosebery n'hésite pas : il se retire.

Cette fois, c'était bien un changement de politique. L'armée des premiers jours s'était démembrée ; il fallait arborer un autre drapeau, choisir un autre chef, organiser un autre état-major : la Reine appelle aussitôt lord Salisbury, le 22 juin.

Mais celui-ci songe-t-il à gouverner avec la Chambre qui vient de condamner la politique de son rival, l'appelant ainsi lui-même aux affaires ?

Il semble que tout l'y convie. Un Français n'hésiterait pas : il apporterait devant la Chambre une « déclaration » énumérant les « réformes » qu'il veut accomplir, et il trouverait pour l'applaudir, pendant vingt à vingt-cinq semaines, ces bataillons de « ministériels » qui, de père en fils (intellectuellement parlant), acclament et renversent tous les gouvernements depuis Robespierre.

Il nous paraîtrait, à nous, d'autant plus naturel, pour le nouveau ministère, de continuer à gouverner avec la Chambre, que celle-ci, élue depuis trois ans seulement, doit jouir encore de quatre ans d'existence.

L'idée n'en vient à personne en Angleterre, ni à la reine, ni à lord Salisbury, ni à ses amis, ni à ses adversaires, ni au plus humble des électeurs.

A nouvelle politique, nouveau gouvernement, mais aussi et par là même nouvelle Chambre! Et le premier soin de lord Salisbury est de demander à la Reine, qui l'accorde aussitôt, la dissolution de l'Assemblée même qui vient de le faire remonter au pouvoir, en abandonnant la politique qu'elle avait d'abord approuvée, conformément à la volonté nationale, en 1892.

Je les ai vues — ces élections générales de 1895, — je les ai suivies de près sur divers points du Royaume-Uni. Ah! la belle bataille, claire, ardente, bien conduite des deux côtés! Vous n'avez pas oublié le triomphe éclatant de lord Salisbury! Et le voilà qui gouverne, depuis lors, avec une majorité inébranlable, sachant ce qu'il veut, ce qu'elle veut elle-même avec lui, où il la conduit, armée fidèle à son chef fidèle.

Mais qu'une heure sonne où le pacte sera rompu ; où, pour un motif ou pour un autre, l'accord cessera entre le cabinet et la majorité ; que cet événement se produise demain, dans huit jours, le terme du mandat de la Chambre étant encore éloigné de plus de cinq années; qu'une majorité contraire à la politique de lord Salisbury, plus forte encore que celle qui le soutient aujourd'hui, se forme pour le renverser : — cette majorité nouvelle va-t-elle donner naissance à un nouveau cabinet qui gouvernera avec elle ?

Personne ne verra ce spectacle!

La Chambre de 1895 peut — même à bon droit peut-être — abandonner quelque jour le cabinet auquel, d'accord avec la nation, elle a donné jusqu'à présent sa confiance : elle en mourra avec lui.

La vie de l'un mesure la vie de l'autre.

Que lord Rosebery, que sir William Harcourt, M. John Morley, M. Shaw-Lefevre, M. Georges Russel, etc., voient leurs idées reconquérir la faveur de l'opinion et la majorité dans le Parlement; qu'ils soient eux-mêmes chargés du gouvernement : ils seront les premiers à dissoudre la Chambre et à consulter la nation.

Voilà donc le fait; il suffit de regarder pour le voir : — solidarité du cabinet et de la Chambre des communes.

Quand celle-ci tue celui-là, elle se tue.

D'autre part, vous avez vu combien se prolonge la durée des gouvernements et combien la « stabilité ministérielle » est assurée.

Quelle est la relation de ces deux ordres de faits matériels, leur rapport de cause à effet?

Nous l'examinerons plus tard. J'entends d'ici vos observations, vos si, vos mais, vos car : attendez, je vous prie. Nous avons d'autres faits importants à constater. Quand ils seront exactement précisés, déterminés, nous discuterons utilement et nous trouverons aisément la loi des phénomènes.

Il n'y a pas deux méthodes de chercher la vérité (1).

(1) *Figaro* du 17 mai 1897.

IV

LA SOLIDARITÉ MINISTÉRIELLE

Nous avons constaté chez les Anglais deux faits importants : 1° leurs gouvernements durent longtemps : par exemple, depuis 1868, le premier cabinet Gladstone a duré 5 ans 3 mois ; le cabinet Disraeli, 6 ans 2 mois ; le deuxième cabinet Gladstone, 5 ans 2 mois ; le premier cabinet Salisbury, 6 ans ; le second, actuellement, dure depuis bientôt deux ans et ne paraît pas près de mourir ; — 2° leurs Chambres des communes, toutes les fois qu'elles tuent un gouvernement, meurent du même coup.

Il est un troisième fait, non moins intéressant et non moins différent de ceux que nous observons en France : les ministères anglais sont *solidaires*, et quand l'un d'eux tombe, il disparaît tout entier. Il n'en reste jamais de bon morceau. Aucun des ministres faisant partie du cabinet renversé ne reparaît au pouvoir dans le cabinet qui lui succède.

Prenez les listes des différents ministères, depuis celui du comte de Liverpool, qui dura quinze ans s'il vous plaît (de 1812 à 1827), jusqu'à celui qui gouverne, vous ne trouverez peut-être pas deux ou trois exceptions.

C'est là vraiment la solidarité ministérielle, condition nécessaire du gouvernement à plusieurs, et sans laquelle il n'est pas d'unité, de loyauté, de travail commun, d'efforts efficaces possibles. Pour traverser heureusement les glaciers parlementaires parsemés de si profondes et si dangereuses crevasses, il faut que tous les ministres sentent qu'ils sont attachés à la même corde sous la conduite du guide chef, et qu'ils doivent se sauver — ou périr tous ensemble !

Lisez maintenant les litanies ministérielles publiées dans notre *Bulletin des lois*, depuis 1871 et même depuis 1814 : vous trouverez presque toujours dans le cabinet nouvellement institué plusieurs membres du cabinet auquel il succède, après l'avoir fait culbuter. Je ne veux pas citer d'exemples récents : tout le monde les connaît ; il en est même de fameux et de scandaleux. Le résultat de cette coutume, si contraire aux prescriptions constitutionnelles, est facile à deviner ; il suffit de connaître un peu le cœur humain pour s'en douter : au lieu de suivre une politique générale, chaque ministre a la sienne, songe avant tout à soi-même, se préoccupe d'éviter tout ce qui pourrait lui susciter quelque difficulté, quelque ennemi, cherche à se créer des amis dans le camp des adversaires du cabinet auquel il appartient, afin de pouvoir trouver place dans leurs rangs le jour où ils seront vainqueurs.

Par une pente rapide, les plus habiles arrivent même à préparer sans scrupule, de leurs propres mains, la chute de leurs collègues, pour mieux assurer leur survivance individuelle. Cela n'est point une perfidie, une trahison déshonorant son auteur, mais une preuve d'adresse, un art estimé et qui place haut, dans la cote parlementaire, l'ingénieux mortel expert en ce genre d'exploits. Le souci du bien public, la forte volonté, que les philosophes naïfs tiennent pour les qualités maîtresses de l'homme d'État, ne sont dès lors, on le comprend bien, que les dons les plus funestes. Plus ils se manifestent chez l'homme chargé du pouvoir, plus ils précipitent sa ruine : le ministère le plus court fut celui de Gambetta. La souplesse d'esprit, la promptitude à changer d'allure ; l'art de dire « oui » à chacun, surtout de ne dire « non » à personne ; de persuader à chaque parti, à chaque groupe qu'il est le « préféré » ; de murmurer tendrement à Mathurine qu'on s'engage avec elle, et passionnément à Charlotte que c'est elle seule qu'on veut : voilà les conditions nécessaires du succès pour un chef du gouvernement en France. La plupart de ses collaborateurs imitent un si bel exemple, mais l'imitent pour leur compte personnel, au besoin contre chacun de leurs collègues et contre leur chef lui-même. Et c'est ainsi que les cabinets sont renversés tous les six mois les uns sur les autres, comme des capucins de cartes, autant par les intrigues réciproques des ministres qui les composent que par les ambitions des députés qui ne sont point ministres et brûlent de le devenir ou de le redevenir.

Pourquoi donc n'avons-nous pas adopté la règle des Anglais, — dites-vous ?

Pardon ! nous l'avons si bien adoptée qu'elle est promulguée en toutes lettres, solennellement, dans notre Constitution. « Les ministres — dit l'article 6 de notre loi constitutionnelle du 25 février 1875 sur l'organisation des pouvoirs publics — sont *solidairement* responsables devant les Chambres... »

Rien ne manque à l'évangile, — sinon d'être observé ! On dirait même qu'il n'est écrit que pour nous permettre de goûter plus de plaisir à le transgresser. C'est la joie nationale des coups de canif dans le contrat.

Mais comment les Anglais ont-ils assuré l'observation des règles de leur Constitution établissant la solidarité ministérielle ?

Leurs règles ? leur Constitution ? Mais ils n'en ont point d'écrites !

Vous pouvez fouiller tout l'arsenal de leurs lois — (et Dieu sait s'il est riche ! on y entasse textes sur textes depuis le treizième siècle !...) — vous n'y trouverez pas un article, pas une ligne, pas un mot sur la *solidarité* des membres du ministère. Vous n'y trouverez même pas le moindre *bill* relatif au cabinet, à sa formation, à ses droits ; son nom même est légalement inconnu au pays qu'il gouverne ! Si bien que l'un des plus illustres chefs de gouvernement anglais, M. Gladstone, a pu justement écrire en 1878 dans la *North American Review* ces lignes qui nous semblent extraordinaires et qui ne sont que rigoureusement exactes : « Le cabinet vit et agit par tradition, sans qu'on puisse citer une seule ligne de loi écrite ou de Constitution pour déterminer ses relations avec le monarque, avec le Parlement, avec la nation, ou les relations de ses membres entre eux ou avec leur chef. »

Ce qui n'empêche point les choses d'être, et d'être ce que vous avez vu qu'elles sont.

Sans texte, sans loi, sans Constitution, le cabinet anglais existe, et il est le gouvernement le plus puissant, le plus investi d'autorité morale et de pouvoir effectif qu'on puisse rencontrer, sans même exclure le Tsar de toutes les Russies et l'empereur allemand.

Sans texte, sans loi, sans Constitution, il est devenu homogène (après avoir été composite, mixte, bigarré, concentré), et solidaire parce qu'il était homogène ; et il est resté homogène parce qu'il est solidaire.

Sans texte, sans loi, sans Constitution, il se trouve que la Chambre fixe sa politique générale dès les premiers jours de son installation, consacre le ministère auquel elle accorde sa confiance et confie sa direction, et que la durée de ce pacte mesure du même coup la durée de la vie de la Chambre.

Tel est le point d'évolution où est arrivée l'Angleterre, pour la plus grande gloire et le plus grand profit de ses intérêts nationaux et de la liberté de chaque citoyen.

Que ce mécanisme si simple et si délicat, si puissant et si souple à la fois ; que « ce beau système ait été trouvé dans les bois », suivant le mot de Montesquieu : le croira qui voudra. Pas plus que Voltaire, je n'ai jamais rien aperçu de semblable dans les retraites de la Forêt-Noire, quelque nombre de fois que je l'aie explorée.

Qu'il ait même ait été conçu de toutes pièces, rationnellement, par un prodigieux Aristote, sachant mesurer, apprécier, juger, combiner les intérêts, les droits, les devoirs, les passions des hommes de toutes classes : vous savez bien que non. Nul Moïse n'apporta aux libres citoyens de la libre Angleterre ces Tables de la loi ; nulle Egérie ne les inspira ; nul Minos ne les promulgua ; nul Sieyès ne les médita, — puisqu'elles n'eurent jamais les honneurs du marbre ou de l'airain, ni même de la lettre moulée.

Elles sont le produit successif, pénible et lent de l'expérience, avec ses tâtonnements, ses insuccès, ses recommencements, ses « pas à pas », ses erreurs, ses progrès et ses reculs alternatifs. Elles sont bien plus que la loi écrite : elles sont la loi vivante, — consacrée, garantie par la coutume, par les mœurs publiques qu'elle a créées et qui la conservent à leur tour.

Il fallut près d'un siècle aux Anglais, même après avoir décapité leur roi et proclamé leur indépendance et leurs droits, pour arriver à comprendre qu'un ministère, chargé de gouverner un grand pays, ne peut pas être composé d'hommes professant des principes contraires, des opinions opposées, mais qu'il doit être *homogène*, afin d'être capable de penser, de vouloir et d'agir.

Il leur fallut un second siècle pour comprendre que les ministres, quelque soin qu'on ait pris de les choisir dans le même parti, ne peuvent rester unis, *homogènes*, que si le sort des uns est lié au sort des autres, que s'ils sont *solidaires*, dans la vie et dans la mort !

Pendant ces épreuves séculaires, parmi les troubles qu'elles entraînèrent, jamais nos voisins ne perdirent confiance dans la liberté et dans la raison, pas plus qu'ils ne cherchèrent de solution précipitée dans ces thèses abstraites que se plaisent à fabriquer de toutes pièces, au mépris de toute observation, au mépris de la nature humaine et des passions éternelles de notre cœur, les astrologues et les sycophantes, toujours si funestes aux peuples assez crédules pour les suivre. Leur patience, leur persévérance furent récompensées. Depuis cent ans, les Anglais jouissent du gouvernement le plus libre, le plus durable, le plus fort qui soit au monde, grâce surtout aux trois principes qui se sont dégagés peu à peu de la pratique et qui n'ont cessé, depuis, d'être appliqués, sauf de très rares et passagères tentatives contraires : — ministères homogènes ; ministères solidaires : responsabilité des ministères devant les Chambres, mais aussi des Chambres devant la Nation, seule souveraine, et par conséquent dissolution de la Chambre lorsqu'elle change de politique générale.

Voilà ce qui s'appelle le régime parlementaire.

On voit combien le système incohérent, désordonné, destructeur, que nous pratiquons depuis si longtemps hélas! et qui n'a de nom dans aucune langue, diffère en tout point de ce régime.

Est-il possible de l'établir chez nous?

A quelles conditions et par quels moyens le pourrait-on?

Nous voici arrivés au nœud de la question, et je l'examinerai en toute sincérité d'esprit et de langage.

Mais il est nécessaire de jeter un coup d'œil sur certains autres faits, pour toucher à pleines mains les conséquences du gouvernement parlementaire régulier, logique, pratiqué par les Anglais, et celles de l'anarchie où nous nous épuisons (1).

(1) *Figaro* du 24 mai 1897.

V

DEUX RÉGIMES : DEUX BUDGETS

Le bourgeois français se vante d'être un sage, tout aux affaires, fuyant la politique comme la peste. Il ne s'aperçoit pas que ses affaires dépendent de la politique, et que le premier de ses soucis devrait être de contribuer, pour sa part, à procurer au pays le meilleur gouvernement possible.

J'ai montré que l'Angleterre a trouvé les moyens d'établir chez elle le plus puissant gouvernement, par la liberté, tandis que la France cherche encore : vous allez voir les conséquences matérielles, financières — touchant par conséquent dans ses intérêts privés chaque particulier — de la politique différente des deux pays.

Certes, il est bon d'étudier à la loupe, comme on le fait dans nos Commissions parlementaires' le budget de chaque année. Ce beau zèle est louable. Mais ce n'est point en examinant une année qu'on peut juger la situation financière d'un peuple. Il faut plus de reculée, pour un si vaste tableau.

Le cabinet Salisbury l'a bien compris. Lorsqu'il a voulu, à la fin du mois dernier (1), caractériser la physionomie du règne de la reine Victoria, dont l'empire britannique tout entier va célébrer avec tant d'éclat, le 20 juin prochain, le soixantième anniversaire, il a fait présenter au Parlement, par le chancelier de l'Echiquier, un résumé de l'histoire des finances anglaises pendant ces soixante dernières années. Aux acclamations enthousiastes de tous les partis, sir Michaël E. Hicks Beach a montré ce que l'Angleterre dépensait en 1836 pour acquitter les charges annuelles de sa Dette publique, et ce qu'elle dépense aujourd'hui pour le même objet.

Le seul rapprochement de ces deux chiffres — parmi tant d'autres indiqués par le chancelier de l'Échiquier — a suffi pour faire apparaître à tous les yeux, comme sous un jet de lumière, les progrès prodigieux, l'extraordinaire prospérité de l'Angleterre pendant le présent règne.

A la mort de Guillaume IV, les intérêts de la Dette publique du Royaume-Uni s'élevaient à 698 millions de francs : ils ne figurent plus au

(1) Avril 1897.

budget de 1896-97 que pour la somme de 448 millions; — soit une diminution de 250 millions de francs dans la charge annuelle.

L'impôt à percevoir par tête d'habitant, pour payer l'intérêt ordinaire de la Dette, était de 27 francs en 1836; il n'est plus aujourd'hui que de 11 francs, grâce, d'une part, à la diminution absolue de la somme à fournir et, d'autre part, à l'augmentation de la population, qui a passé de 24 millions 1/2 d'habitants à plus de 40 millions, — pendant que la population de la France, forte de 33 millions 1/2 d'habitants en 1836, est arrivée seulement à 38 millions.

Quant aux dépenses totales du budget anglais, elles ont augmenté, comme dans tous les pays, mais beaucoup moins, relativement. Elles étaient de 1,273 millions en 1836; elles sont de 2,767 millions. Plus du double.

Hélas! pourquoi ne pouvons-nous pas nous féliciter d'avoir seulement doublé nos dépenses pendant la même période? Regardez notre budget. Il était de 1,065 millions en 1836, — inférieur par conséquent de plus de 200 millions à celui des Anglais: il s'élève d'après la loi de finances, pour l'année courante, à 3,387 millions, — ayant ainsi plus que triplé et dépassant de 620 millions celui de nos voisins, plus nombreux et plus riches que nous.

Ne dites pas, comme on le répète trop communément, que cette différence est due à nos charges militaires: elles sont moins élevées en France qu'en Angleterre. Lisez, en effet, les budgets des deux pays; vous trouverez les chiffres suivants :

En France, pour 1897 :

Budget de la guerre.	Fr.	622.551.397
Budget de la marine.		258.167.273
Ensemble.	Fr.	880.718.670

En Angleterre, pour 1897-98, d'après l'exposé même du chancelier de l'Echiquier :

Budget de la guerre.	Fr.	462.560.020
Budget de la marine.		563.364.360
Ensemble.	Fr.	1.025.924.380

Il est vrai que les chiffres anglais doivent être diminués, pour être comparés aux nôtres, de certaines dépenses pour pensions qui figurent chez nous à la dette viagère. Les dépenses militaires proprement dites de l'Angleterre n'en restent pas moins plus élevées que les nôtres. Ce n'est point là, c'est dans la Dette publique, où se répercute, où se résume toute la politique d'un peuple, qu'il faut chercher l'explication principale de la différence entre les finances de l'Angleterre et celles de la France.

Allons donc plus loin que sir Michaël Hicks Beach et prenons la dette anglaise et la dette française au moment même où se terminèrent la tragédie et l'épopée qui remplirent en Europe la fin du dix-huitième siècle et les quinze premières années du dix-neuvième. C'est à la même époque, d'autre part, que le régime parlementaire, avec les trois caractères qui le constituent, venait de se fixer pleinement en Angleterre.

Alors, après 1815, après la chute du colosse, chaque pays fit ses comptes et dressa son bilan.

L'Angleterre victorieuse avait à régler les frais de la lutte engagée par elle contre nous depuis 1793. Pendant vingt-deux ans, elle n'avait cessé, sauf le court intervalle de la paix d'Amiens, de combattre elle-même et de susciter parmi les peuples des combattants contre la France. Ces longs efforts avaient enfin abouti à Waterloo ; mais ils lui coûtaient cher : sa Dette publique totale se trouva en effet portée, en capital nominal, de 6 milliards (en 1793) à plus de 22 milliards au 1er janvier 1816 — et, en charge annuelle, de 234 millions à 808 millions de francs.

La France, vaincue et démembrée, liquida également sa situation. Les opérations nécessaires ne furent terminées que par la loi de 1823, et l'ensemble de la Dette consolidée se trouva fixé, au 1er janvier 1824, à la charge annelle de 197 millions, en rente 5 pour 100, correspondant à un capital nominal de 3 milliards 940 millions.

Avec les charges annuelles de la Dette viagère et de la Dette remboursable à divers titres, le total inscrit au budget atteignait 294 millions pour l'année 1824.

Voilà donc les points de départ des deux Dettes publiques établis : en Angleterre, 808 millions par an, et 22 milliards en capital ; en Fance, 294 millions par an, et 5 à 6 milliards en capital.

Le temps a marché. Les institutions, les mœurs, les gouvernements successifs et si divers, la politique enfin des deux pays ont produit leurs résultats, engendré leurs conséquences multiples, logiques, y compris la guerre, qui se traduisent fidèlement dans les livres du Trésor et dont voici le résumé :

Au 1er avril 1897, la Dette publique totale de l'Angleterre s'établit ainsi, en capital : Dette consolidée, 14,821 millions ; Dette non fondée, 205 millions ; Dette remboursable (*annuités terminables*), 1,135 millions. Au total, 16,161 millions, entraînant l'inscription au budget du crédit de 448 millions, indiqué plus haut, plus 182 millions pour l'amortissement : c'est le chancelier de l'Echiquier lui-même qui parle ainsi.

Depuis la liquidation de 1816, l'Angleterre — seule au monde, d'ailleurs — a donc réalisé sur sa Dette une diminution considérable.

Ouvrez maintenant le budget de la France.

Notre Dette consolidée, à elle seule, nous coûte

693,680,000 francs par an, — ne comprenant, bien entendu, pas même un centime pour l'amortissement, — et correspondant à un capital de 22 milliards.

Ajoutez la Dette remboursable, avec ses 326 millions de charge annuelle, et la Dette viagère, avec ses 231 millions; — c'est un total de 1,250 millions pour la charge annuelle de notre Dette publique totale, en l'an de grâce 1897, correspondant à un capital d'environ 35 à 36 milliards.

Tandis que l'Angleterre faisait descendre sa dette de 22 milliards à 16 milliards, nous avons donc fait monter la nôtre de 5 ou 6 milliards environ à 35 ou 36 milliards au moins, — soit une augmentation de 30 milliards en France, contre une diminution de 6 milliards en Angleterre.

C'est-à-dire que, pendant que les Anglais diminuaient leur Dette de plus du quart, nous avons plus que sextuplé la nôtre!

Et aujourd'hui, tandis que chaque Anglais doit payer 11 francs par tête et par an pour la Dette publique de son pays, chaque Français, moins riche pourtant, doit payer 33 francs par tête et par an, pour le même objet.

Toute la politique des deux nations et de leurs gouvernements — (car les nations ont leur responsabilité comme les gouvernements et comme les Chambres) — depuis quatre-vingts ans, et surtout, en ce qui nous concerne, depuis cinquante ans, est dans ces chiffres!

Je sais bien que notre Dette publique jouit d'une contre-partie; que notre système de travaux publics mettra dans les mains de nos petits-fils un patrimoine industriel considérable — le réseau de nos chemins de fer, — et que l'Etat anglais ne peut compter sur aucun héritage de ce genre.

Mais qui fera le compte de ce que peuvent rapporter et coûter, en définitive, à la fortune publique le système anglais et le système français, en matière de travaux publics, comparés l'un à l'autre?

Qui nous dira le sort réservé par les surprises de la science au mode actuel des transports par voie ferrée — dans plus d'un demi-siècle?

Qui nous dira surtout le sort que nous préparerons nous-mêmes, par nos lois, par notre administration, par notre politique, aux milliards futurs des échéances de l'an 1950 à l'an 1960?

Il n'est pas d'héritage qui ne puisse être dévoré d'avance par un appétit trop vorace, ou par une prodigalité trop imprévoyante! Pouvons-nous oublier que nous avons englouti, sans même respirer, les bénéfices des deux conversions successives de notre emprunt de guerre? Les avait-on assez escomptés, ces bénéfices? Avait-on assez calculé les dégrèvements qu'ils permettaient de réaliser au profit des contribuables?

Eh bien, qu'est-il arrivé?

Nous avons converti le 5 pour 100 en 4 1/2, puis le 4 1/2 en 3 1/2, et nous avons ainsi diminué de 102 millions par an la charge des intérêts de notre Dette consolidée. Or, ces intérêts s'élevaient ensemble, en 1883, avant la première conversion, à 741 millions. Ils devraient donc, aujourd'hui, être tombés à 639 millions : — ils s'élèvent, au contraire, à 693 millions 1/2. C'est-à-dire que nous avons de nouveau augmenté notre Dette d'une charge annelle de 54 millions.

Qui oserait garantir que le bénéfice éventuel du retour à l'Etat de nos chemins de fer ne subira pas le sort du bénéfice de nos conversions : celui d'une fraise dans la gueule d'un loup?

Cela suffit, n'est-ce pas? « Les chiffres, répétait Gœthe, ne gouvernent pas le monde, mais nous disent comment le monde est gouverné. » Ceux que vous venez de lire racontent trop éloquemment notre histoire et notre politique.

Ah! j'allais oublier de vous rappeler qu'en Angleterre le Parlement n'a pas le droit de proposer la moindre dépense, et que ce droit, depuis une résolution du 11 décembre 1706, renouvelée et confirmée en 1868, n'appartient qu'au gouvernement seul. On a vu souvent la Chambre des communes repousser des dépenses : on ne l'a jamais vue en demander ni en voter spontanément!

Panurge ne connaissait que soixante et trois manières de trouver de l'argent : en France, l'initiative parlementaire n'a pas cessé d'inventer chaque jour une nouvelle manière de vider la bourse du contribuable.

Vous voyez bien, de plus en plus, que notre système n'a aucun rapport avec le régime parlementaire.

Décidément comment y arriver?

Est-ce par la revision de la Constitution? (1)

(1) *Figaro* du 2 juin 1897.

VI

LA REVISION DE LA CONSTITUTION

Pour croire à l'efficacité de la revision de la Constitution, il faut d'abord croire à l'efficacité des constitutions. J'y crois.

Bien entendu, comme il convient de croire : *Sit rationabile obsequium*. Ma foi n'est donc pas aveugle, mais regarde et raisonne autant que possible. Il n'est pas douteux qu'une constitution bien faite est une chose excellente, par le motif fort simple que, « si les lois suivent les mœurs », il n'est pas moins vrai que « les mœurs suivent les lois », pour parler, en passant, comme Montesquieu. L'influence heureuse ou funeste exercée par les institutions sur les habitudes d'esprit, sur la manière de penser des citoyens et des gouvernants, ne saurait être contestée. L'organisation politique et parlementaire des Anglais développe chez eux l'esprit d'initiative et le sentiment de la responsabilité, conditions essentielles du gouvernement libre et des nations puissantes : les *pacta conventa* et le *liberum veto* institués après les Jagellons, firent pénétrer si profondément dans les âmes — déjà trop bien disposées — l'esprit d'anarchie, qu'ils perdirent la Pologne longtemps si florissante. Il serait donc puéril de méconnaître l'importance de la constitution d'un pays.

Les Français ne sont pas, du reste, enclins à cette erreur.

S'il faut juger du degré de confiance que nous accordons aux constitutions par le nombre de nos entreprises pour fabriquer la meilleure possible, nous sommes certainement le peuple le plus convaincu de l'efficacité d'une telle œuvre.

Mais s'il faut juger de l'efficacité des constitutions par leur durée et par leurs bienfaits, personne n'a prouvé autant que nous leur inutilité. Depuis un siècle, nous avons promulgué au moins 25 constitutions ou actes constitutionnels, y compris la revision de 1884. Cela nous donne en moyenne une constitution ou disposition constitutionnelle tous les quatre ans! On ne vit jamais à coup sûr, dans l'histoire de l'espèce humaine, un peuple si prolifique en constitutions.

Nous n'en sommes pas moins le pays le plus

mal gouverné — ou l'un des plus mal gouvernés, pour n'humilier personne — qu'on puisse voir dans le monde.

En revanche, regardez les Etats-Unis : la Constitution fédérale qui les régit est la seule qu'ils aient jamais adoptée. Elle dure depuis le 17 septembre 1787, et n'a subi qu'un petit nombre de modifications de détail, toutes conformes à ses principes.

L'Angleterre est encore plus pauvre — en constitutions. Nous pouvons au moins lire la charte des Etats-Unis : elle est rassemblée en un tout méthodique. On l'imprime en brochure. Le plus subtil archiviste-paléographe chercherait vainement la Constitution du Royaume-Uni. Depuis le début du treizième siècle, quelles « Tables de la loi » nos puissants voisins ont-ils écrites ? La *Grande Charte* et la *Charte des forêts*, signées vers 1215 par le roi Jean sans Terre; la *Pétition des droits* de 1628; la *Déclaration des droits* de 1689, voilà tous les documents écrits qu'on peut trouver en Angleterre : trois constitutions, ou mieux bases de constitution (car il n'y a là que des principes) en sept cents ans : c'est vraiment une sobriété faite pour surprendre chez nous les amateurs si nombreux et si passionnés de constitutions et de revisions ! Et pourtant les Anglais ont résolu le problème gouvernemental dont nous cherchons encore la clef, et ils jouissent, pour leur liberté individuelle, de garanties que nous sommes contraints de leur envier.

Il n'est donc pas indispensable de posséder dans un tabernacle un livre sacré, où soit écrite en lettres d'or la sorte de loi solennelle appelée « Constitution », pour avoir les institutions, les règles politiques que cette Constitution écrite a pour but d'établir.

L'essentiel n'est pas l'écriture, mais la règle, et surtout la pratique de la règle.

Peu importe donc que les institutions soient rédigées en formules magnifiquement imprimées, si elles ne sont pas respectées, — et il n'est pas indispensable qu'elles soient rédigées et imprimées pour qu'elles existent, par le consentement, par la tradition, par la coutume, et pour qu'elles soient fidèlement pratiquées : — voilà les vérités bien simples et trop oubliées que nous montrent l'histoire et l'observation.

Aucun peuple n'a eu plus de constitutions écrites que nous : aucun n'en a moins gardé ni moins respecté.

Aucun peuple n'a moins de Constitution écrite que les Anglais : aucun n'en a de plus réelle, de plus durable, de plus féconde.

Cela dit, examinons un autre côté de la question.

Qu'arriverait-il, si nous procédions à la revision de la Constitution — proposée sans doute par des révolutionnaires avérés qui ne cherchent « que plaies et bosses », mais aussi considérée comme nécessaire par des esprits très distingués et fort bien intentionnés?

Ah ! je ne me fais pas d'illusion et je ne crois pas qu'il soit possible à ceux qui ont vu le Congrès de 1884 de s'en faire la moindre : les « esprits distingués » seraient avalés comme une muscade par les énergumènes et les violents, et l'Assemblée nationale serait à peine réunie qu'elle deviendrait la plus abominable foire aux sottises et aux fureurs qu'on ait jamais vue au cirque Fernando !

Lors de la revision de 1884, les Chambres et le gouvernement étaient bien différents de ce qu'ils sont aujourd'hui.

Le Sénat était l'assemblée éminente — qu'il est resté d'ailleurs — mais alors sans mélange, sans le moindre élément grossier et perturbateur. Il comptait des hommes d'opinions fort diverses assurément, quelques-uns même passionnés pour leurs idées, mais tous profondément respectueux du droit, de leur dignité personnelle, des règles d'une discussion sérieuse et loyale. Aujourd'hui, il est entré quelques loups dans la bergerie, et il ne faut pas beaucoup de loups pour mettre une bergerie en déroute — ou en désordre !

La Chambre « basse » était moins sage que la « haute », certes, mais pourtant ne comptait guère que des « parlementaires » ; les plus agités, les plus violents opposants d'alors paraîtraient, dans la Chambre d'aujourd'hui, des petits maîtres tout à l'ambre.

Le gouvernement était composé d'hommes jouissant personnellement, soit par leur valeur, soit par leurs services, d'une grande autorité sur les députés et sur les sénateurs : les partis étaient organisés, disciplinés, dirigés par des chefs expérimentés, actifs, résolus, écoutés ; — tout cela relativement, — bien entendu. Le Sénat et la Chambre s'étaient mis préalablement d'accord, par délibérations séparées, sur les points à reviser ; toutes les précautions avaient été prises ; la majorité ministérielle était considérable.

Et, cependant, quel tumulte, quels hurlements, quelles violences de charretiers ivres, dès la première heure de la réunion du Congrès de Versailles ! Quel témoin de ces scènes les a oubliées ? Qui, les ayant vues et déplorées, pourrait, sans avoir perdu la raison, prendre sur lui d'en donner de nouveau le signal, aujourd'hui surtout ?

Il s'en fallut de rien que le Congrès de 1884 n'échouât dans la plus humiliante impuissance : que serait-ce donc avec les Chambres actuelles, dans le désordre d'idées qui règne, dans la désorganisation absolue où est plongée la Chambre des députés, dans l'impossibilité certaine où se trouverait le président du Congrès de faire respecter même l'ordre matériel ?

Il faut, en effet, parler net.

Quel est, actuellement, le principal agent de l'anarchie gouvernementale ?

Qui a dénaturé, vicié la Constitution de 1875, en supprimant, ou en subordonnant (ce qui revient au même) le pouvoir exécutif ; en réduisant le Président de la République à n'être plus qu'un appareil enregistreur automatique, une sorte d'anémomètre de l'observatoire de Montsouris, marquant avec une égale indifférence le souffle des zéphyrs et la furie des cyclones ?

Qui s'est emparé, peu à peu, de tous les pouvoirs, usurpant toutes les fonctions, toutes les activités, tous les droits ; se mêlant de trancher tous les problèmes, militaires, financiers, sociaux, sans rien savoir, d'emblée, « de chic » ; fabriquant des lois sur les sujets les plus redoutables, comme un couplet de chanson pour le Chat-Noir ; portant la main sur tout, brouillant tout, bousculant tout, détruisant tout sous prétexte de tout « réformer » ?

Qui donc, enfin, a fait et fait le plus de mal ?

Tout le monde répond : c'est la Chambre des députés.

C'est elle qui est devenue la cause et le siège de la maladie.

Et c'est à elle, à cette malade — que dis-je? c'est à la maladie elle-même que l'on demanderait le remède et la guérison !

C'est la Chambre — aujourd'hui contre-balancée au moins dans une certaine mesure par le Sénat — que l'on rendrait, par la revision, presque souveraine maîtresse du pouvoir législatif et constituant !

Car, il ne faut pas s'y tromper : la minorité violente, radicale-socialiste de la Chambre, qui fut pendant six mois la majorité avec le ministère Bourgeois, deviendrait sûrement la majorité dans une assemblée aussi désordonnée, aussi désorientée, que le serait le Congrès de Versailles. Les plus énormes folies y seraient le mieux accueillies. Les groupes les plus bruyants y régneraient en maîtres, comme il arrive infailliblement dans toute foule, et le Congrès ne serait qu'une cohue, sans doctrine, sans méthode, sans cadres, sans chefs, livrée à tous les hasards, proie certaine des plus audacieux et des plus forcenés. Lorsque la Convention se réunit, le groupe des hommes qui érigèrent plus tard la Terreur et la guillotine en système ne comprenait pas plus d'une soixantaine de membres parmi 750 ; on sait ce qu'il devint et comment il asservit toute l'assemblée.

Ainsi, confier la revision de la Constitution au Congrès, ce serait la confier à la Chambre, et particulièrement à la minorité radicale-socialiste de la Chambre.

Or, il s'agit de réprimer les empiétements, les usurpations de pouvoirs de la Chambre;

Il s'agit d'empêcher la Chambre de renverser tous les six mois un gouvernement; de mettre fin à un système qui organise le désordre en transformant chaque député en candidat perpétuel au ministère;

Il s'agit d'enlever à la Chambre le droit de ruiner le budget par l'initiative parlementaire;

Et c'est aux députés eux-mêmes que l'on s'adresserait pour accomplir une telle entreprise?... Mais leur premier soin serait de profiter de ce surcroît de pouvoir pour briser les derniers liens qui les gênent, et pour consommer leur usurpation de la souveraineté nationale!

Laissons donc la revision à Gribouille — et cherchons ailleurs (1).

(1) *Figaro* du 11 juin 1897.

VII

LE VÉRITABLE APPEL AU PEUPLE

La conclusion logique des observations que j'ai présentées doit se dégager spontanément aux yeux de ceux qui ont bien voulu les lire.

Nous vivons dans l'anarchie — le pire des maux.

Nous ne pouvons y mettre un terme ni par la dictature organisée, comme jadis les Romains de la belle période républicaine, ni par la revision de la Constitution — devenue absurde — qui engendre elle-même cette anarchie.

La France ne peut espérer ni en un sauveur chimérique, ni en ses institutions causes du mal, ni en ceux qui exercent le pouvoir à son détriment : que lui reste-t-il donc ?

Elle.

Elle seule. Et c'est assez, si elle veut.

Vous avez vu que les Anglais, avant de posséder le gouvernement libre et fort dont ils jouissent, ont passé par les mêmes, que dis-je? par de pires épreuves et par de pires troubles que nous, et qu'ils ne sont arrivés au système fonctionnant si bien chez eux, depuis un siècle, qu'après avoir établi successivement, par la seule force des mœurs et de la coutume, les quatre principes suivants : — ministère homogène ; — ministère solidaire ; — Chambre responsable ; — initiative parlementaire étroitement réglée et ne pouvant s'étendre aux propositions financières.

Supposez que ces principes soient appliqués chez nous : tout changera à l'instant.

Vous ne verrez plus ces cabinets composites, sans doctrine, sans idées, sans méthode ; donnant eux-mêmes l'exemple de l'anarchie, des rivalités de personnes, de l'intrigue perpétuelle ; répandant autour d'eux, de proche en proche, jusqu'au fond du pays, l'esprit d'égoïsme, de désordre, de mépris du devoir ; inspirant enfin à tous ceux qu'anime quelque patriotisme le dégoût de la politique, l'horreur pour le régime auquel on attribue tous ces maux.

La Chambre des députés ne sera plus cette foire aux portefeuilles, cette cohue d'agités pour lesquels le régime parlementaire n'est que l'institution d'une prime permanente à l'instabilité gouvernementale et au charlatanisme électoral.

Au contraire, les partis se formeront, les hommes se grouperont solidement selon leurs idées directrices, leurs affinités naturelles, leur caractère, leur « tempérament », comme dit spirituellement M. Denys Cochin. D'un côté : ceux que guident surtout la raison, l'expérience, le sentiment des responsabilités, l'esprit de tolérance, le désir de concorde nationale, le noble goût de la liberté; de l'autre : ceux qu'entraînent l'esprit d'aventure ou de système, le besoin de dominer, de paraître, de « se trémousser »; l'amour du bruit, de l'oripeau, de la déclamation; la piperie des mots, les illusions de la jeunesse, l'inexpérience de la vie.

Car, il ne faut pas être dupe des apparences, ce qui classe les hommes, les rapproche ou les éloigne, même dans les assemblées, où la fiction veut qu'ils se catégorisent uniquement d'après des dogmes abstraits, ce n'est pas seulement leurs opinions politiques, c'est aussi leurs sentiments et leurs passions, dans le sens élevé du mot. L'idée est volontiers tolérante; mais la passion, exclusive. Sans doute, en des temps orageux, quand les grandes batailles se livrent pour les drapeaux et pour les croyances, les partis politiques s'organisent spontanément sous l'action d'autres forces. On le vit bien à l'Assemblée de Versailles. Mais, quand l'heure des victoires décisives et des défaites historiques a sonné, quand il faut, bon gré mal gré, de tous côtés, prendre son parti des faits accomplis, l'homme intime reprend son rôle, et ce rôle est souvent considérable.

La France en est là. Ses assemblées aussi, grandes et petites. Il ne reste qu'un parti obéissant à d'autres lois morales : c'est celui qui monte à l'assaut de la civilisation et que forment les barbares des invasions nouvelles — invasions intérieures, plus dangereuses et plus redoutables que toutes celles des Huns, des Goths et des Northmans, dont les ravages, au moins, ne furent que passagers.

Et quand les partis seront ainsi déterminés, la discipline nécessaire s'établira naturellement ; ils prendront conscience d'eux-mêmes ; celui qui aura la majorité saura soutenir fidèlement le cabinet chargé d'appliquer sa politique ; l'industrie des « toupies hollandaises » sera radicalement supprimée, ne pouvant plus s'exercer puisque la Chambre ne pourra changer de politique générale et renverser le gouvernement qu'elle aura une fois établi sans retourner devant les électeurs.

De là : l'esprit de suite, la possibilité d'entreprendre, de conduire et d'achever ; le sentiment de la responsabilité et l'instinct puissant de la conservation, même chez les députés les plus téméraires, qui réfléchiront à deux fois avant de décréter la crise électorale, conséquence logique et inévitable de la crise ministérielle.

Il faut bien connaître, en effet, la psychologie particulière du député. Elle est identique — n'en déplaise aux plus farouches démocrates — à celle du roi Louis XI, de qui le bon Commines écrivit :

« Car onques homme ne craignit plus la mort, et ne fit tant de choses pour y cuider mettre remède, comme luy... »

Témoin, l'aventure de son médecin, Jacques Coictier, qui, menacé de disgrâce et peut-être de la potence, lui dit un jour :

« Je sais bien qu'un matin vous m'envoyerez comme vous faites tant d'autres; mais, par la...! (un grand serment qu'il jurait), vous ne vivrez point huit jours après ! » « Ce mot l'épouvantait fort, ajoute Commines, et tant qu'après ne le faisait que flatter et luy donner... »

Soyez-en sûrs : le jour où la Chambre des députés, héritière du roy Louis onziesme, saura qu'elle peut bien « envoyer » son ministère, après l'avoir choisi (que le chef s'appelle maistre Coictier ou maistre Méline, ou de tout autre nom), mais qu'elle ne vivra point huit jours après, elle le choisira bien d'abord, et aura grand soin ensuite de sa santé, par souci de sa propre existence; elle le comblera même de faveurs, ainsi que le terrible roy son malin docteur franc-comtois!

Et ce jour-là, mais ce jour-là seulement, le pays aura enfin la stabilité gouvernementale — première, indispensable, essentielle condition de tout gouvernement — un épicier qui dure faisant par là même plus de besogne qu'un génie mort aussitôt que né.

Ce jour-là seulement, aussi, la nation verra clair, comprendra ce qu'elle fait, saura ce qu'elle approuve ou condamne, ce qu'elle veut ou repousse, puisqu'elle votera sur un fait précis, d'ordre général, caractérisant toute une politique.

Mais, puisque nous ne pouvons attendre une telle réforme de la volonté du Président de la République — dont on a fait tomber le pouvoir constitutionnel en quenouille, — ni de la revision de la Constitution — qui briserait la quenouille avec tout le reste, — à qui faut-il donc s'adresser ?

Je le répète : au peuple lui-même. Au peuple directement.

C'est à lui de dicter sa volonté aux élections prochaines ; mais pour qu'il veuille, il faut qu'il sache et comprenne; et pour qu'il comprenne, il suffit qu'on lui parle clairement et sincèrement.

Jusqu'ici, on l'a plus trompé qu'éclairé. Jamais monarque ne fut plus dangereusement et plus honteusement flatté.

En réalité, depuis vingt-cinq ans, le peuple

français n'a eu que deux idées et deux volontés très nettes. D'abord, il voulut la paix, en 1871. Puis, non moins clairement, il voulut la République. Il eut la paix. Il a la République. Libre à chacun de disserter, d'apprécier ces faits. Ils sont. Et personne ne peut les empêcher d'être. La sagesse est donc, pour tout le monde, de les prendre comme ils sont.

Puis, confusément, le peuple français voulut un gouvernement. Il poussa même fort loin cette volonté, en 1887 et 1888, mais dans un chemin où elle ne pouvait, hélas ! que s'égarer.

Il continue de vouloir un gouvernement. Son instinct, là, ne le trompe point. C'est l'instinct même de la conservation et de la vie.

Mais il ne sait comment s'y prendre.

Et comment le saurait-il? Qui lui en indiqua les moyens? On égare son attention, on pervertit son jugement et son intelligence. Lisez le fatras du « Barodet », ces milliers de professions de foi et de proclamations dont on gorge tous les quatre ans les électeurs, jusqu'à donner aux plus robustes une abominable indigestion : que verrez-vous?

Les plus grossières promesses, les plus abondantes litanies de « réformes » destinées à transformer le monde; des programmes inspirés par le Paphlagonien des *Chevaliers* d'Aristophane : presque jamais un mot sérieux, loyal, raisonnable, sur les conditions nécessaires du gouvernement et de la liberté.

C'est là, pourtant, qu'il faut en venir. C'est une question de vie ou de mort.

Il faut le dire, le répéter, le crier au peuple, tous les jours, partout, sur tous les tons : — c'est lui-même qui est en jeu. C'est son propre sort, son avenir, son histoire, tout ce patrimoine national dont il est si justement orgueilleux; c'est le sort, les biens, la sécurité, l'indépendance de chacun. C'est de défendre, de conserver ou de perdre tout cela qu'il s'agit. Et la France, au milieu des nations rivales grandissant et du formidable progrès des peuples nouveaux, se trouve sur le bord de l'irrémédiable décadence, faute de gouvernement! Personne, personne, personne ne peut la sauver! Elle est l'arbitre unique de son destin. Elle est libre et seule, comme Siegfried dans la forêt, entre le nain perfide et le monstre dévorant, mais armée de l'épée divine et du talisman souverain : la liberté et la raison.

Qu'il se sauve donc, ce généreux, ce vaillant peuple des Francs, qui traversa tant d'épreuves et accomplit tant de prodiges que le monde vit dans son épopée « les gestes mêmes de Dieu! »

Qu'il fonde enfin le gouvernement dont il a besoin; qu'il établisse l'ordre, la durée, la sincérité, où règnent la confusion, l'agitation, l'équivoque — et tout le reste viendra par surcroît!

Et, pour cela, qu'il impose partout aux candidats de tous les partis l'engagement d'appliquer les principes supérieurs que j'ai rappelés plus haut et que les choses elles-mêmes — impartiales et infaillibles — nous montrent comme les conditions nécessaires du seul gouvernement aujourd'hui possible chez nous.

Que cela soit aisé : je ne le dis point. Mais c'est la seule entreprise efficace qu'on puisse tenter.

Ou cela, ou rien.

Oui; qu'on ne s'y trompe point : ou cela se fera, ou les gens de cœur et de bonne volonté, les bons Français, les candidats, les Comités, les associations diverses des partis, s'entendront pour adopter ce programme simple, clair, précis; et alors le succès, sûrement, récompensera les efforts accomplis; — ou cela ne se fera point, par veulerie, par indifférence, par incapacité de penser et de vouloir; et alors nul ne peut prévoir où nous précipitera le redoublement d'anarchie qui suivra les élections futures.

Il ne suffit pas à un peuple d'avoir conquis la liberté, bien suprême : il importe surtout qu'il sache s'en servir, pour en vivre.

Sinon, il en meurt.

LA DISSOLUTION

Il ne s'agit pas de défendre l'idée — d'ailleurs si juste — émise par le *Figaro*, de dissoudre en ce moment la Chambre des députés. Le ministère a fait savoir trop clairement qu'il y est opposé pour que nous perdions notre temps à lui demander de prendre une mesure qu'il désapprouve.

Ce qui importe, c'est de répandre l'idée. L'application viendra ensuite.

Depuis que nous avons des Chambres, nous vivons dans la croyance qu'elles doivent normalement durer jusqu'à la dernière minute du temps pendant lequel elles peuvent conserver leur mandat. Nous avons toujours regardé et nous regardons plus que jamais la dissolution comme une mesure violente, et non point comme une opération rationnelle, conforme à la nature des choses, nécessaire même au fonctionnement régulier du régime parlementaire.

Une Chambre dissoute nous paraît une Chambre assassinée — et non point morte de sa mort naturelle, paisiblement, dans son lit, comme il convient au sage, le soir d'un beau jour.

Nous nous trompons du tout au tout.

La dissolution est, par essence, la condition du régime représentatif. Sans elle, il est nécessairement altéré et faussé. Par elle seulement il peut donner ce qu'il doit théoriquement donner : l'expression de la volonté nationale. Sans elle, la Chambre devient inévitablement un corps étranger à la nation, un pouvoir usurpateur, comme elle est dès l'origine une cohue d'individualités sans liens de doctrine, de principes, de méthode, un tourbillon d'intérêts locaux ou d'ambitions privées en conflits permanents. Par elle, par elle seulement, le peuple prend conscience de lui-même, acquiert la notion de ses intérêts généraux, sait sur quoi, pour quoi, contre quoi il vote ; les partis se forment, se classent d'après des principes et des idées directrices supérieures et se disciplinent : le gouvernement, enfin, devient possible et durable.

Regardez, en effet, ce qui se passe.

Pourquoi la Chambre des communes est-elle toujours dissoute ? Pourquoi, depuis Georges IV par exemple, ne voit-on pas *une seule* Chambre ayant vécu pendant les sept années de sa durée légale? De 1820 à 1895 — date de la dernière élection — on compte 19 Chambres des communes. Il en est qui ont duré 5 mois, 7 mois, 1 an, 2 ans, 3 ans, 5 ans, 6 ans; la plus longue a duré 6 ans 1 mois 12 jours (du 21 avril 1820 au 2 juin 1826) : pas une n'a duré 7 ans. Celle qui vit aujourd'hui, depuis la fin de juillet 1895, et qui comprend la majorité la plus nombreuse et la plus solide peut-être qu'on ait jamais vue depuis Henri III, n'ira certainement pas jusqu'à la fin de juillet 1902, et le sait bien, et ne s'en tourmente pas.

Pourquoi, encore, en est-il ainsi?

Est-ce parce que les Anglais ont, en ce point, des mœurs particulières, et qu'ils font là ce que ne sauraient faire des Français?

Nullement! Les Anglais, dans cette circonstance, n'agissent point comme Anglais, mais comme hommes. Ils n'obéissent pas aux besoins, aux fantaisies de leur race, mais aux lois immuables et inviolables de l'esprit humain, et aux nécessités de l'institution parlementaire.

Pour qu'une Chambre « représente » vraiment la nation, il ne suffit pas que les électeurs votent librement, que le suffrage soit plus ou moins étendu, direct et universel, ou restreint et médiatisé : il faut surtout que la nation sache elle-même ce qu'elle veut obtenir de ses élus, et que l'assemblée reste fidèle à sa mission.

Or, des élections faites comme nous avons coutume de les faire en France, à date fixe, portant sur tout, ne portent sur rien. Sans doute, le scrutin d'arrondissement abaisse le niveau du Parlement, relègue au troisième plan les idées générales et les intérêts nationaux ; mais le grand vice n'est point là. Les élections anglaises, pour se faire au scrutin de circonscription et uninominal, ne se font pas moins au point de vue supérieur des intérêts permanents de la « plus Grande Bretagne », parce qu'elles se font sur une grande question posée par la dissolution.

Par le fait même de la dissolution, tous les esprits sont tournés vers le motif qui l'a déterminée, vers la même idée dominante, vers le même fait actuel, d'importance générale. Dès lors, il ne s'agit point de donner carrière à toutes les billevesées des astrologues parlementaires ; d'ouvrir un concours électoral, dont le prix soit destiné aux fabricateurs des programmes les plus extravagants : il s'agit de prendre parti sur une question de gouvernement nette et précise ; pour ou contre telle réforme politique ou économique d'ordre général, intéressant le sort de la nation entière ; pour ou contre tel gouvernement, libéral ou conservateur. Cela est clair, facile à comprendre par tous les électeurs. Pas d'équivoque. Pas de faux-fuyant ni d'ambiguïté ! Le plus humble citoyen peut se rendre compte de la portée effective et des conséquences certaines de son vote.

Quant aux élus, les effets d'une élection accomplie dans de telles conditions ne sont pas moins précis. Au lieu que les députés soient élus, comme chez nous, à titre purement individuel, en tirailleurs détachés, sur des questions de clocher, sur des programmes personnels, métaphysiques, sans limites, ils sont élus comme membres d'un des deux partis résultant du fait même de la dissolution ; ils reçoivent une mission nette, déterminée ; ils se trouvent classés d'avance en parti de gouvernement et parti d'opposition. La Chambre est à peine élue qu'on peut compter, à une voix près, le nombre des membres de la majorité nouvelle qui va prendre ou conserver le pouvoir, et celui des membres de la minorité qui va continuer ou commencer son rôle de critique. On sait également quelle besogne positive vont poursuivre ou entreprendre le gouvernement et la Chambre. Dans ces circonstances, il n'y a pas de place pour les « toupies hollandaises ». Le milieu parlementaire formé par de telles élections ne leur permet pas de naître. Tout est trop précis, trop serré, trop déterminé. Elles ne pourraient tourner.

Ainsi : bénéfice pour les électeurs, bénéfice pour les élus, bénéfice pour le cabinet, bénéfice pour le pays tout entier, dont la volonté peut se former, se manifester, s'exécuter en toute et véritable souveraineté.

A ce prix seulement le gouvernement parlementaire, c'est-à-dire le gouvernement du pays par le pays, est une vérité, et non point une formule mensongère et une mystification fatale.

Combien nous sommes loin d'une semblable politique!

Notre anarchie, notre impuissance parlementaire, sont aussi logiquement produites par notre système d'élections à date fixe que l'ordre, la force et la vie résultent rationnellement du système régulier de la dissolution.

Chez nous, les électeurs ne se trouvent pas en face d'un fait important, résumant la situation politique générale du pays au moment où ils doivent voter et sur lequel ils aient à se prononcer : ils sont en présence de l'infini.

Tous les quatre ans, il semble qu'ils aient à renouveler le monde. Tous les quatre ans, journaux, orateurs de cabaret, candidats, se livrent à la plus effrénée débauche imaginable de déclamations, de promesses, de divagations portant sur tous les sujets que l'esprit peut concevoir. Lisez le « Barodet » : il humilie le « Larousse » ! Pic de la Mirandole y perdrait son latin.

Comment voulez-vous que les malheureux dix millions de Français soumis périodiquement à ce régime — sans oublier les intermèdes! — se reconnaissent dans ce chaos; qu'ils ne perdent pas la tête au milieu de ce déchaînement de sottises et de folies? Aussi ils votent au petit bonheur, au très petit bonheur. Tel candidat est choisi pour sa voix retentissante; tel autre parce qu'il boit bien; celui-ci parce qu'il habite la vallée; celui-là parce qu'il habite la montagne, sans parler de ceux qui promettent la lune et les étoiles. Que devient le souci de l'Etat? Comment donc pourrait surgir, se former, dans ces millions d'esprits, la notion de l'intérêt général et permanent de la France? Qui leur en parle? Qui peut utilement, avec autorité et clarté, leur en parler? Comment cette notion abstraite pourrait-elle se concréter et se montrer à leurs yeux?

Certes, il en serait tout autrement s'ils étaient consultés sur un fait, s'ils étaient appelés à se prononcer sur une de ces grandes questions de gouvernement qui impliquent toute une série d'idées générales formant une doctrine, correspondant à une méthode, à une conception du rôle actuel de l'Etat. Ce n'est pas l'intelligence qui manque aux électeurs français. Ils en ont autant, pour le moins, que les électeurs anglais. Mais ils sont appelés à voter dans des conditions de désordre et de confusion telles qu'il faudrait un collège électoral composé de membres de l'Institut pour y voir clair et pour y conserver le sang-froid et le bons sens.

Les conséquences du système ne sont pas moins désastreuses pour les députés issus de pareilles élections.

Chacun ne devant son succès qu'à soi-même joue sa partie en fantaisiste, uniquement préoccupé de se faire réélire par les moyens qui lui ont réussi une première fois. Aucun lien supérieur entre les uns et les autres, en vue d'une action commune indiquée nettement par le pays. Il faudrait donc que les partis se formassent spontanément, par une résolution réfléchie, par un abandon réciproque des vanités individuelles, des ambitions plus ou moins justifiées : c'est demander aux hommes ce qui n'appartient qu'aux anges. Dès que les hommes, surtout les Français, peuvent s'échapper de la discipline, ils prennent la fuite. Et vous voudriez que les députés, élus comme ils le sont, consentissent librement à s'emprisonner dans les cadres rigoureux des vrais partis de gouvernement ?

Vous voudriez qu'ils n'eussent plus que le souci de faire vivre et prospérer un ministère dont ils ne font pas le plus bel ornement, tandis que, s'ils amènent sa chute, par violence ou par hypocrisie, par action ou par omission, ils ont l'espoir et la chance de remplacer ceux qu'ils devraient accepter pour chefs?

Allons donc! Que faites-vous du cœur humain?

Assez de chimères; assez de vaines conceptions, de thèses contre nature, d'illusions volontaires.

Veut-on vraiment « organiser » le libre gouvernement de la nation par la nation?

Qu'on en prenne les moyens, et, parmi ces moyens, l'un des plus efficaces : la dissolution.

La dissolution régulière, normale, habituelle, « mort naturelle » de la Chambre.

Par elle seulement, la nation peut prendre conscience d'elle-même, concevoir ses intérêts permanents; la Chambre peut acquérir le sentiment de sa responsabilité; le pays peut exercer sa souveraineté, actuellement usurpée par ses prétendus mandataires.

Ne veut-on pas accepter le système de la dissolution, le principe de la « responsabilité de la Chambre », comme je l'ai appelé dans mes précédents articles sur le *Vrai Programme politique?*

Alors qu'on se résigne à descendre de plus en plus dans la décadence, dans l'anarchie, — jusqu'à l'engloutissement (1).

(1) *Figaro* du 14 septembre 1897.

LE PRÉSIDENT DE LA RÉPUBLIQUE

AUX ÉTATS-UNIS

Ce n'est pas sans surprise que beaucoup de gens ont lu les détails de la procédure parlementaire qui vient d'être suivie à Washington (du 8 au 10 mars 1898), pour le vote des 250 millions de francs accordés d'urgence au président des États-Unis, en vue de la défense nationale.

Qui a déposé cette demande de crédits?

Un simple député, M. Cannon. Il est vrai qu'il est président de la Commission des crédits de la Chambre des représentants. Mais nous n'avons jamais vu même nos plus illustres présidents de la Commission du budget de la Chambre des députés demander et obtenir 250 millions de dépenses !

Il est vrai que ce M. Cannon — bien nommé — avait été appelé auparavant à la Maison Blanche;

qu'il s'était tenu là, devant le président Mac Kinley, une sorte de conciliabule entre ces deux personnages, plusieurs autres députés notables et les secrétaires de la trésorerie, de la guerre, de la marine, etc., et que c'est à la suite de cette conférence que le belliqueux M. Cannon a déposé son projet de crédits extraordinaires pour la défense nationale.

Mais pourquoi, surtout en si grave occurrence et pour un tel motif, le projet de loi n'a-t-il pas été, comme on l'aurait vu chez nous, solennellement apporté à la Chambre par le président du Conseil et par les ministres intéressés?

Pourquoi, le projet de loi ayant été ainsi déposé à la tribune de la Chambre par l'un des ministres signataires, les députés n'ont-ils pas crié : *Lisez! Lisez!* et le texte officiel n'a-t-il pas été effectivement lu, d'une voix dramatique et savante, au milieu des *mouvements divers* et des *sensations prolongées?*

Par la plus simple et la plus décisive des raisons : c'est qu'il n'y a pas, aux États-Unis, de président du Conseil des ministres; qu'il n'y a même pas de ministres, au sens parlementaire du mot, mais seulement des « secrétaires des départements du pouvoir exécutif », et que ces secrétaires n'ont même pas le droit d'entrée à la Chambre ou au Sénat. Ils ne sauraient donc y déposer ni y lire aucune proposition.

Bien mieux, le président des États-Unis lui-même ne peut, sous aucune forme, déposer ni envoyer aucun projet de loi. Il ne possède, en un mot, aucune parcelle du pouvoir législatif.

En revanche, le pouvoir législatif n'est pas moins dépourvu de tout moyen d'intervention dans l'exercice du pouvoir exécutif, dont la plénitude appartient au seul président des États-Unis. C'est le « pouvoir personnel » dans toute son intégralité. Le Président n'est entravé dans son action constitutionnelle par rien ni par personne. Ce qui est du domaine exécutif lui est attribué à lui seul, entièrement.

Aucun ministre mauvais coucheur ne peut l'arrêter dans ses actes, lui faire échec en lui refusant son contreseing; aucun ministre perfide ne peut le miner hypocritement, le faire attaquer dans les journaux, lui cacher la vérité et lui montrer le mensonge; car tous dépendent de lui, et uniquement de lui. Aucune interpellation ne saurait les renverser ni les consolider. Aucune intrigue n'est possible entre tel ou tel « secrétaire » de l'un des huit départements exécutifs — (affaires étrangères, trésor, guerre, justice, postes, marine, agriculture, intérieur) — et tel ou tel groupe de la Chambre, pour jouer un bon tour au Président, préparer sa chute et son remplacement. Il aurait vite fait d'y mettre bon ordre!

Le pouvoir exécutif est ce qu'il est; mais, tel

qu'il est, il appartient, encore une fois, exclusivement et entièrement au seul président des États-Unis, commandant en chef de l'armée, de la marine et de la milice.

Ainsi l'a voulu formellement la Constitution, cette Constitution extraordinaire votée par la Convention de Philadelphie, inspirée par les doctrines de Montesquieu sur la séparation des pouvoirs, préparée même à Paris par Condorcet, Bailly, Mirabeau (ainsi que madame Campan le raconte dans ses *Mémoires*), et qui régit la grande république américaine depuis le 17 septembre 1787, — alors que, depuis cette époque, nous avons promulgué et détruit tour à tour quatorze Constitutions — et ce n'est pas fini!

Dès lors, quand le Président a besoin d'une loi ou d'un crédit, comment faire?

Comme on vient de faire précisément. Le Président s'entend avec ses amis du Congrès. L'un d'eux prend l'initiative du projet nécessaire, et les choses suivent leur cours naturel. En fait, il existe, dans chacune des deux assemblées, des Commissions permanentes correspondant aux départements du pouvoir exécutif. Ces Commissions sont, en général, composées d'amis politiques du Président; leurs présidents deviennent ainsi, en quelque sorte, des collaborateurs officieux du gouvernement, et ils jouent le rôle que vient de remplir avec tant de retentissement M. Cannon.

Ne croyez pas, cependant, que le président des États-Unis soit aussi désarmé qu'il le semblerait par ce qui précède, en présence du pouvoir législatif.

Le Congrès ne peut pas, en un tour de main, bouleverser à son gré toutes choses. Le Président est investi d'une sorte de droit de *veto* non pas illimité, mais très suffisant pour empêcher les excès et les abus de la puissance législative.

Lorsqu'une loi votée par le Congrès lui paraît fâcheuse, pour un motif quelconque, il a le droit d'exiger une seconde délibération — et une délibération comporte trois lectures. Dans ce cas, il renvoie la loi à celle des deux Chambres qui en a pris l'initiative, en accompagnant ce renvoi d'un message dans lequel il expose toutes ses objections, toutes ses observations. Ce message est imprimé, publié avec le texte de la loi soumise à un nouvel examen. L'opinion publique est ainsi, de son côté, mise en mesure de se prononcer, de réagir sur les Chambres. Le pays entend la voix de son chef, de celui qu'il a choisi lui-même. La délibération s'ouvre alors dans ces conditions nouvelles, et, cette fois, ce n'est plus à *une* voix de majorité que la loi peut être adoptée par la Chambre qui délibère dans ses trois lectures : c'est à une majorité des *deux tiers* au moins.

Si elle franchit heureusement cette première épreuve, il faut qu'elle recommence dans l'autre assemblée, dans les mêmes conditions, avec les mêmes exigences.

Il est aisé de comprendre qu'un tel système offre toutes les garanties nécessaires contre les fantaisies législatives dont certains pays parlementaires, bien connus de nous, ne donnent que trop d'exemples.

Si une telle règle constitutionnelle existait en France, nous serions bien à l'abri des entreprises qui menacent l'ordre public, la sûreté de la patrie, les conditions essentielles de la civilisation elle-même, et qui peuvent un beau jour devenir la « loi », grâce à quelque lâcheté parlementaire, à quelque intrigue de parti.

Est-ce tout? Non pas ! D'autres barrières, plus infranchissables encore, se dressent devant la tyrannie législative, non moins dangereuse, plus dangereuse encore que celle du prince.

Ni le pouvoir législatif, ni le pouvoir exécutif ne représentent et ne possèdent, aux États-Unis, la souveraineté. Ils ne jouissent que des droits qui leur sont *concédés* par la Constitution, et dont l'énumération est *limitative*.

« Nous, le Peuple des États-Unis — dit le texte

— ordonnons et établissons la présente Constitution pour les États-Unis d'Amérique.

» Tous les pouvoirs législatifs *accordés par le présent acte* seront confiés à un Congrès...

» Le Congrès aura le pouvoir :

» 1° D'établir et lever les taxes, droits, impôts...

» 2° De faire des emprunts...

» 3° etc..., etc... »

Et tout ce qui n'est pas écrit en toutes lettres dans ces textes des 10 sections du chapitre Ier est interdit au Congrès. C'est domaine réservé dans lequel il ne peut chasser, ni même se promener.

Et ce domaine réservé appartient à qui ?

Au peuple ? Oui, sans doute ; mais pas complètement.

A qui donc ? A l'individu. Au libre citoyen de la libre Amérique, pour qui, en faveur de qui, Constitution, Congrès, gouvernement, lois, tout, tout est fait, réglé, institué !

Le voilà le vrai souverain, le vrai maître, le vrai prince : c'est l'homme individuel ! En lui, en sa raison, en sa volonté, en sa liberté, la source et la fin, l'origine et le but de toutes les institutions. C'est pour lui permettre de développer librement ses facultés de travailler, de penser, de parler, d'agir librement, sous sa seule responsabilité, profitant de ce qu'il fait bien, souffrant de ce qu'il fait mal, que furent promulguées toutes les Constitutions des États-Unis et des États particuliers isolément considérés. Il est, ce libre citoyen, l'*alpha* et l'*oméga* de tous les Codes, de tous les textes, de tous les pouvoirs publics, — au lieu d'en être, comme chez nous, la proie et la victime! (1)

(1) *Figaro* du 14 mars 1898.

LA DÉCENTRALISATION

Depuis les jours lointains du congrès de Nancy, jamais ce mot rébarbatif, long de sept pieds, plus qu'un hémistiche, n'avait été si souvent prononcé qu'aujourd'hui.

Le gouvernement a nommé une Commission de décentralisation. Le ministre de l'intérieur a déposé plusieurs projets de décentralisation. Le ministre des finances l'a imité.

Le ministre des travaux publics, le ministre de l'agriculture, vont s'élancer sur les traces de leurs collègues. Tous les autres suivront, excepté, j'imagine, le ministre de la guerre.

C'est fort bien. On ne saurait trop louer un si beau feu, surtout s'il parvient à brûler les paperasses qui nous encombrent, nous étouffent, nous écrasent, arrêtent tout effort et toute vie.

Mais la centralisation administrative exagérée dont se plaignent les communes n'est pas la seule ni la pire. L'Etat contemporain n'a point seulement, à l'image des gouvernements antérieurs, conservé sous sa main des libertés locales nécessaires ; il a usurpé les libertés et les droits les plus essentiels de l'individu.

Il a supprimé toutes les garanties qui pouvaient protéger les droits de l'homme contre les abus d'autorité et les excès du pouvoir central.

Le Louis XIV à 900 têtes qui siège au Palais-Bourbon et au Luxembourg peut tout ce qu'il veut, ne connaît aucune borne à ses fantaisies ; il peut, demain, voter les mesures les plus monstrueuses, les plus attentatoires à la liberté, à la propriété, à la vie même des citoyens : il n'existe aucun moyen de résistance.

Telle est la situation légale où nous vivons, en l'an de grâce 1898, plus d'un siècle après la Révolution la plus fameuse de l'histoire du monde, accomplie précisément pour conquérir ces *Droits de l'homme*, si prodigieusement confisqués aujourd'hui sans que personne, d'ailleurs, ait l'air de s'en émouvoir, ni même de s'en douter.

Et ne m'accusez pas d'exagération : vous allez voir que rien n'est plus vrai.

Sous l'ancien régime, le pouvoir royal était, au moins en théorie, limité par le Parlement. Sans doute, le Roi brisa quand il le voulut bien la résistance du Parlement ; mais plus d'une fois aussi le Parlement arrêta le Roi dans ses excès. En définitive, la règle était, depuis le quinzième siècle, que les ordonnances royales ne fussent exécutoires qu'après avoir été enregistrées par le Parlement, et il suffit, pour la portée de mes observations, de constater ce principe, — qui fut d'ailleurs assez efficace pour que Blackstone ait pu dire avec raison : Ce qui a empêché la France d'aboutir au despotisme turc, c'est le Parlement.

Avec la Révolution française tout change.

La philosophie du dix-huitième siècle avait dégagé un principe nouveau : le droit de l'individu. La souveraineté de la raison, la pleine propriété de soi, le libre développement des facultés de chacun, sous sa seule responsabilité, étaient devenus la cause profonde, la raison d'être même du corps social ; au lieu que, suivant l'ancien ordre de choses, l'individu fût absorbé dans la société.

« On oublie que la *société est faite pour les particuliers*, » avait dit Turgot.

On ne l'oublia pas en 1789.

La *Déclaration des droits de l'homme* se trouva la base unique de la constitution des pouvoirs publics. Tout ce vaste appareil gouvernemental établi par la Constitution du 3 septembre 1791 : l'organisation du pouvoir royal, de l'Assemblée législative, du système électoral, du ministère, des rapports entre l'Assemblée et le Roi, de l'administration intérieure des départements, du pouvoir judiciaire, de la force publique, des finances; tous ces titres, tous ces chapitres, tous ces paragraphes, tous ces deux cents articles si longuement délibérés et médités, tout enfin, tout est combiné uniquement en vue d'assurer, de garantir à chaque citoyen français la pleine, entière, inviolable jouissance de ses droits naturels, solennellement proclamés en tête de la Constitution :

« Le but de toute association politique est la conservation des droits naturels et imprescriptibles de l'homme. Ces droits sont la *liberté*, la *propriété*, la *sûreté*, et la résistance à l'oppression. »

Et voilà pourquoi on établit un roi, une assemblée, une armée, des lois, des juges : pour l'homme ! Pour l'homme, individuellement considéré; pour l'homme, cause et principe de l'Etat.

Certes, ceci est loin de Sparte et de Rome. Mais aussi ce n'est pas en vain que l'humanité a lutté, vécu, souffert, travaillé, pensé, pendant tant de siècles. C'était pour enfanter un monde nouveau, fait de raison et de liberté. Il a fallu des milliers et des milliers d'années pour affranchir l'homme, — depuis les cavernes profondes, depuis les tribus primitives, depuis les lois farouches des premiers fondateurs de cités, depuis les Douze Tables, code d'airain ; — mais enfin c'est fait : l'homme est libre !

Attendez.

La Révolution française est restée fidèle à son principe. Jamais, même aux plus tragiques heures, aux jours de plus sanglant délire, on ne songea à altérer la doctrine.

En pleine année 1793, la Constitution du 24 juin, qui d'ailleurs ne fut jamais appliquée, avait renouvelé les Déclarations de l'Assemblée constituante :

« Le gouvernement est institué pour garantir à l'homme la jouissance de ses droits naturels et imprescriptibles.

» Ces droits sont l'égalité, la liberté, la sûreté, la propriété.

» La sûreté consiste dans la protection accordée par la société à chacun de ses membres pour la conservation de sa personne, de ses droits et de ses propriétés.

» Le droit de propriété est celui qui appartient à tout citoyen de jouir et de disposer à son gré de ses biens et de ses revenus, du fruit de son travail et de son industrie. »

Que la Convention, qui avait ainsi parlé, ait exercé, dans les tempêtes de la guerre étrangère et de la guerre civile, la plus absolue dictature : peu importe, au point de vue qui nous occupe.

En définitive, pour elle — pour la Convention de Danton, de Robespierre, de Saint-Just, comme pour la Constituante de Mirabeau, de Barnave, de Lanjuinais, de La Rochefoucauld, — la cause supérieure, la raison d'être de la Constitution, c'est le droit de l'individu. Et pour sanction, elle proclame que si le gouvernement vient à méconnaître et à violer ces principes dans la personne d'un seul citoyen, « l'insurrection est pour le peuple le plus sacré et le plus indispensable des devoirs. »

Comme garantie positive on pouvait trouver mieux! Mais la pensée du législateur constituant de 1793 n'en est pas moins claire et précise.

Ce droit nouveau, ce droit essentiel de l'individu à la liberté, à la sûreté, à la propriété, est devenu si puissant; il a si pleinement triomphé, que la Charte constitutionnelle de 1814 est obligée de le consacrer, et qu'avant même de parler du gouvernement du Roi, elle proclame tout d'abord le *Droit public des Français*, — l'égalité devant la loi, la liberté, l'inviolabilité de la propriété.

C'est aussi le premier soin de la Constitution de 1848 :

« La République reconnaît des droits et des devoirs antérieurs et supérieurs aux lois positives.

» Elle a pour principe la Liberté, l'Égalité, la Fraternité.

» Elle a pour base la Famille, le Travail, la Propriété, l'Ordre public.

» La République doit protéger le citoyen dans sa personne, sa famille, sa religion, sa propriété, son travail... »

Et c'est pour assurer l'accomplissement de ces devoirs et la garantie de ces droits que les pouvoirs publics et les institutions sont ensuite organisés et établis.

La Constitution du Coup d'Etat elle-même, la Constitution du 14 janvier 1852, reconnaît, confirme et garantit à son tour les principes de 1789 comme base du droit public des Français.

Si bien que toujours, depuis la Révolution, toutes les Constitutions ont limité les droits et les pouvoirs du gouvernement, en proclamant d'abord, comme raison d'être et principe, cause et but du gouvernement, les droits de l'individu.

Il était réservé à notre époque de reculer plus loin que le quinzième siècle, et d'oublier absolument que « la société est faite pour les particuliers. »

Notre Constitution de 1875 n'a reconnu, garanti aucun droit à l'individu, ni placé aucune borne à l'omnipotence législative des Chambres.

L'homme, le citoyen, l'électeur souverain — pauvre souverain ! — n'est plus rien. Il n'a plus aucun droit. Ses élus seuls sont tout et peuvent tout.

Plus de liberté individuelle, plus de sûreté, plus de propriété garanties !

Nos lois constitutionnelles ne sont que des actes de procédure parlementaire.

Qu'il plaise demain aux Chambres de voter une loi comme celle jadis promulguée, ainsi que nous le raconte Plutarque, par la démagogie de Mégare, abolissant toutes les dettes et obligeant même les créanciers à rendre aux débiteurs les intérêts qu'ils en avaient reçus : — il faudra obéir.

Pas un tribunal ne pourra dire : « Cette loi est contraire au droit public, inconstitutionnelle ; je refuse de l'appliquer. »

Les Chambres pourront, comme certains le proposent, *nationaliser* les chemins de fer, la Banque de France, les fabriques de sucre, les fabriques d'alcool, les vignes, les bois, les prés, les troupeaux ; — ce sera la loi ! Il faudra subir la confiscation, sans même avoir la faculté de recourir « au plus sacré des devoirs ! »

Aux États-Unis, la Constitution a placé certains principes, certains droits de l'homme, au-dessus des attributions du Congrès, qui ne peut même pas légiférer sur ces matières.

De plus, les Américains ont établi une Cour suprême, qui a le droit de juger que telle ou telle loi votée par le Congrès viole la Constitution, et qui assure ainsi au particulier une protection efficace contre les excès de pouvoir du Congrès.

Il y a un an, la Cour suprême a déclaré inconstitutionnelle une loi établissant « l'impôt progressif et global sur le revenu », que le Congrès de Washington avait votée.

En Angleterre, les droits des citoyens sont garantis par une tradition si puissante, par un droit coutumier si certain, par une *common law*, enfin, vraie souveraine du royaume, si précise et si respectée, qu'il n'est pas un pays sur terre où l'individu soit plus sûr de son indépendance et plus à l'abri de toute entreprise tyrannique du gouvernement contre sa personne ou contre ses biens.

Chez nous, ni les textes, ni les institutions, rien ne protège plus l'homme, le citoyen, le particulier. Il est, sans aucun recours, à la merci du pouvoir central, qui devrait être établi pour le défendre et qui, chaque jour, réalise un empiètement nouveau sur le domaine de l'individu, restreint son champ d'action, porte une atteinte nouvelle à ses droits naturels, le menace d'atteintes plus graves encore, tantôt dans sa liberté, tantôt dans l'exercice de ses facultés, tantôt dans ses droits de propriété; étouffant de plus en plus dans les âmes l'esprit d'initiative, le goût de l'action, le sentiment de la responsabilité; si bien que cette vieille race gauloise, naguère vaincue par César pour avoir poussé l'instinct de l'indépendance locale jusqu'à l'indiscipline nationale, risque aujourd'hui de périr par les excès d'un envahissement législatif sans limites, plus incohérent et aussi ruineux que le « despotisme turc » dont le Parlement préserva nos ancêtres, et par les conséquences morales qu'il engendre dans l'âme des citoyens : l'inertie, l'incapacité d'entreprendre et d'oser, la passion du mandarinat, la peste bureaucratique, — en attendant la bubonique.

Voilà la centralisation la plus dangereuse, et qu'il importe de briser le plus tôt, si l'on veut sauver l'individu de l'Etat et l'Etat du socialisme (1).

(1) *Figaro* du 1er février 1897.

TABLE DES MATIÈRES

ÉMILE COLIN — IMPRIMERIE DE LAGNY

PARIS. — IMP. E. FLAMMARION, RUE RACINE, 26.

www.ingramcontent.com/pod-product-compliance
Ingram Content Group UK Ltd.
Pitfield, Milton Keynes, MK11 3LW, UK
UKHW012152240726
13966UKWH00002B/286